FELIX SCHENK

mit Martin Kulik

„Hat die Mutti heute frei?“

Alte Rollenbilder überwinden und zu aktiver Vaterschaft finden

Felix Schenk

„Hat die Mutti heute frei?"

Alte Rollenbilder überwinden und zu aktiver Vaterschaft finden

Inhalt

Ich möchte dieses Buch meinen wunderbaren Söhnen widmen. Danke, dass ich durch euch so viel lernen und erleben darf und an mir wachsen kann.

In Liebe, euer Papa.

Vorwort

Ein kleiner Drogeriemarkt am Rande des Ruhrgebiets. An der Kasse packt ein Vater mit zwei kleinen Kindern gerade den Einkauf auf das Band, als sich eine ältere Dame zu den Jungs hinunterbeugt und sie anspricht: „Ach, das ist ja großartig, dass der Papa mit euch einkaufen geht. Hat die Mutti heute frei?"

Der Vater bin ich, Felix Schenk – und diese Szene hat vor einigen Jahren unheimlich viel in mir ausgelöst und beschäftigt mich bis heute. Damals war mir die Tragweite der Worte noch nicht vollständig bewusst. Ich nahm der Dame den Satz nicht mal besonders krumm, sondern erwiderte lediglich: „Der Papa geht heute einkaufen, weil *er* freihat." Aber schon auf dem Nachhauseweg brachte mich diese Begegnung ins Nachdenken, denn sie steht exemplarisch für ein bestimmtes Bild von Vaterschaft. Auf der einen Seite zeigt sich die hartnäckige Vorstellung eines altbackenen und traditionellen Rollenbildes: Der Vater hat in der Regel wenig mit seinen Kindern zu tun – er ist der abwesende Ernährer und im besten Fall Assistent. Wenn er Zeit mit seinen Kindern verbringt, dann ist das etwas Besonderes. Auf der anderen Seite wird der Mutter die alleinige Verantwortung für die tägliche Care-Arbeit zugeschoben, die sie Tag für Tag ganz selbstverständlich zu erledigen hat. Wenn wir ehrlich sind, müssen wir zugeben, dass wir beim Thema Elternschaft gesamtgesellschaftlich gesehen immer noch weit entfernt sind von partnerschaftlicher Gleichberechtigung. Das zeigt sich an zahlreichen strukturellen Benachteiligungen von Müttern, aber auch an Bezeichnungen wie Mutter-Kind-Parkplatz oder daran, dass nur in Ausnahmefällen Wickelmöglichkeiten auf der Herrentoilette zu finden sind.

Ich fühlte mich durch den Satz der Dame im Supermarkt in meine eigene Kindheit zurückgeworfen, in der ich als Scheidungskind mit einer alleinerziehenden Mutter aufwuchs und mein Vater sich so wenig für mich interessierte, dass ich ihn kaum zu Gesicht bekam. Als bei meiner Frau Sophia und mir Nachwuchs auf dem Weg war, merkte ich, dass mir durch meine Kindheitserfahrungen eine Blaupause für aktive Vaterschaft fehlte: Wie ist man eigentlich ein guter Papa?

Für mich war klar, dass ich alles anders machen will, dass ich meinen Kindern eine andere Kindheit ermöglichen muss, als ich sie hatte. Ich will den Vatertag nicht dazu nutzen, mit anderen betrunkenen Vätern einen Bollerwagen durch die Heide zu ziehen, sondern eine gute Zeit mit meinen Kindern und meiner Partnerin verbringen. Ich will für meine Kinder als aktiver Vater da sein, will sie als Vertrauensperson auf ihrem Weg begleiten. Ich will weg vom Bild des abwesenden Versorgers und möchte mich von einer überholten Männlichkeitsvorstellung abgrenzen. Ich will die Care-Arbeit und den Mental Load in meiner Beziehung gerecht verteilen und einen Weg finden, als Familie und als Team zusammen durchs Leben zu gehen. Ich will dafür sorgen, dass meine Jungs zu Erwachsenen heranwachsen, die sich nicht scheuen, Emotionen zu zeigen, und für die aktive, gleichberechtigte Vaterschaft selbstverständlich ist.

All das sind Dinge, die ich mir als Vater vorgenommen habe – doch in der Realität kann man seine Kinder nicht allein mit guten Vorsätzen aufziehen. Immer wieder gab und gibt es schwierige Momente in unserem Zusammenleben als Familie, die von der Angst begleitet waren und sind, dass ich meiner Verantwortung nicht gerecht werde. Auf der Suche nach Orientierung und Vernetzung habe ich vor einigen Jahren angefangen, auf Instagram aktiv zu werden. Erst privat und später als „Papa ohne Plan“. Dort poste ich für ein größeres Publikum über meinen Weg zur aktiven Vaterschaft, reflektiere meine Rolle als Vater und Mann und lasse andere an meinen Gedanken teilhaben.

Dieses Buch hier ist kein Ratgeber, wie man der perfekte Papa wird. Ich werde euch, liebe Leser*innen, nicht als vermeintlicher Supervater belehren, wie ihr eure Kinder erziehen sollt. Und schon gar nicht stelle ich den Anspruch, stellvertretend für andere zu sprechen. Stattdessen hoffe ich, dass mein persönlicher Weg zur aktiven Vaterschaft Mut machen kann. Denn ein guter Papa zu sein heißt nicht, dass man einen Masterplan hat und niemals Fehler machen darf. Dies zu akzeptieren, fällt uns schwer. Allzu oft vergleichen wir uns mit einer Idealvorstellung der scheinbar perfekten Familie, die uns nicht erst seit Instagram und Co. verunsichert. Vor allem die Enttabuisierung von Unsicherheiten und Ängsten ist mir ein großes Anliegen. In diesem Buch wage ich einen ehrlichen und unverblümten Blick auf das Thema Vaterschaft und lade dazu ein, mit mir zusammen darüber nachzudenken. Dazu gehört auch, die eigene Haltung zu reflektieren und bisherige Rollenbilder kritisch zu hinterfragen. Das ist nicht immer einfach, aber es lohnt sich – schließlich geht es um die Beziehung zu unserer Familie. Ich glaube, viele Menschen haben keine Lust mehr auf überholte Vorstellungen der Vergangenheit und sind für sich auf der Suche nach einer neuen, positiven Perspektive auf Vaterschaft. In diesem Buch möchte ich skizzieren, wie so eine Perspektive aussehen könnte, und vor allem zum

Nachdenken und zur Selbstreflexion über unsere vermeintliche Gleichberechtigung anregen. Keine Angst: Euch erwartet hier keine dröge wissenschaftliche Abhandlung über die Verbindung von Patriarchat und Kapitalismus, und es geht auch nicht darum, nach der Lektüre alle feministischen Begriffe herunterbeten zu können. Aber die Auseinandersetzung mit feministischen Themen und den Gründen für den Status quo ist wichtig, damit wir als Gesellschaft, aber auch individuell ein neues Väter- und Männerbild entwickeln können. In Teilen dieses Buches möchte ich explizit Männer ansprechen und sie dazu ermutigen, sich auch mit unangenehmen Themen auseinanderzusetzen. Zugleich richtet sich dieses Buch an alle Menschen, die daran interessiert sind, Elternschaft modern zu denken und traditionelle Rollenbilder zu hinterfragen.

Was erwartet euch also? Im ersten Kapitel geht es um die Ängste und Unsicherheiten, die werdende Väter begleiten, und ich gebe euch Einblick in meinen persönlichen Hintergrund. In Kapitel zwei setze ich mich kritisch damit auseinander, wie gleichberechtigt Mütter und Väter heutzutage wirklich sind und warum wir alte Rollenbilder überwinden müssen. Kapitel drei beschäftigt sich mit meiner Vorstellung von aktiver Vaterschaft und welche Voraussetzungen dafür auf der persönlichen, aber auch auf der gesellschaftlichen Ebene gegeben sein müssen. Im vierten Kapitel möchte ich euch Gedankenanstöße zur Vereinbarkeit von Karriere und Beruf geben und darauf eingehen, wie der Spagat zwischen diesen beiden Lebensbereichen gelingen kann. Kapitel fünf nimmt die Dynamiken einer Paarbeziehung in den Blick und wie man mit den Veränderungen umgeht, wenn aus Paaren Eltern werden.

Das sechste Kapitel nimmt die Vorstellung in den Fokus, dass Eltern immer perfekt sein müssen, und räumt mit einigen Tabus bezüglich Elternschaft auf. In Kapitel sieben befasse ich mich mit traditionellen Vorstellungen von Männlichkeit und lege dar, warum wir ihnen meiner Ansicht nach dringend eine moderne und positive Entsprechung entgegenstellen müssen. Kapitel acht ist ein Plädoyer dafür, unsere Kinder ernster zu nehmen – denn wir Erwachsenen können von diesen kleinen Menschen jede Menge lernen. All diese Überlegungen dienen dazu, eine neue Sicht auf Elternschaft zu entwickeln, die ich im Abschlusskapitel zusammenfasse.

Hier noch ein wichtiger Disclaimer für das ganze Buch: Ich schreibe aus meiner persönlichen Perspektive als Cis-Mann in einer heterosexuellen Beziehung. Ich möchte mir nicht anmaßen, über weibliche oder queere Erfahrungen zu schreiben, aber es ist mir wichtig, für sie sensibel zu sein. Eure individuellen Erfahrungen können sich von meinen stark unterscheiden: Wenn ich über aktive Vaterschaft, Geschlechtergerechtigkeit, Rollenbilder und Männlichkeitsvorstellungen spreche, will ich damit nicht sagen, dass die Gedanken dazu auf alle Männer oder alle Väter zutreffen. Jeder Mensch füllt solche Konzepte selbst mit Bedeutung. Trotzdem habe ich die Hoffnung, dass ihr als Leser*innen aus meinen Erfahrungen und Gedanken Denkanstöße für eure eigene Lebensreise mitnehmen könnt.

1

Papa ohne Plan

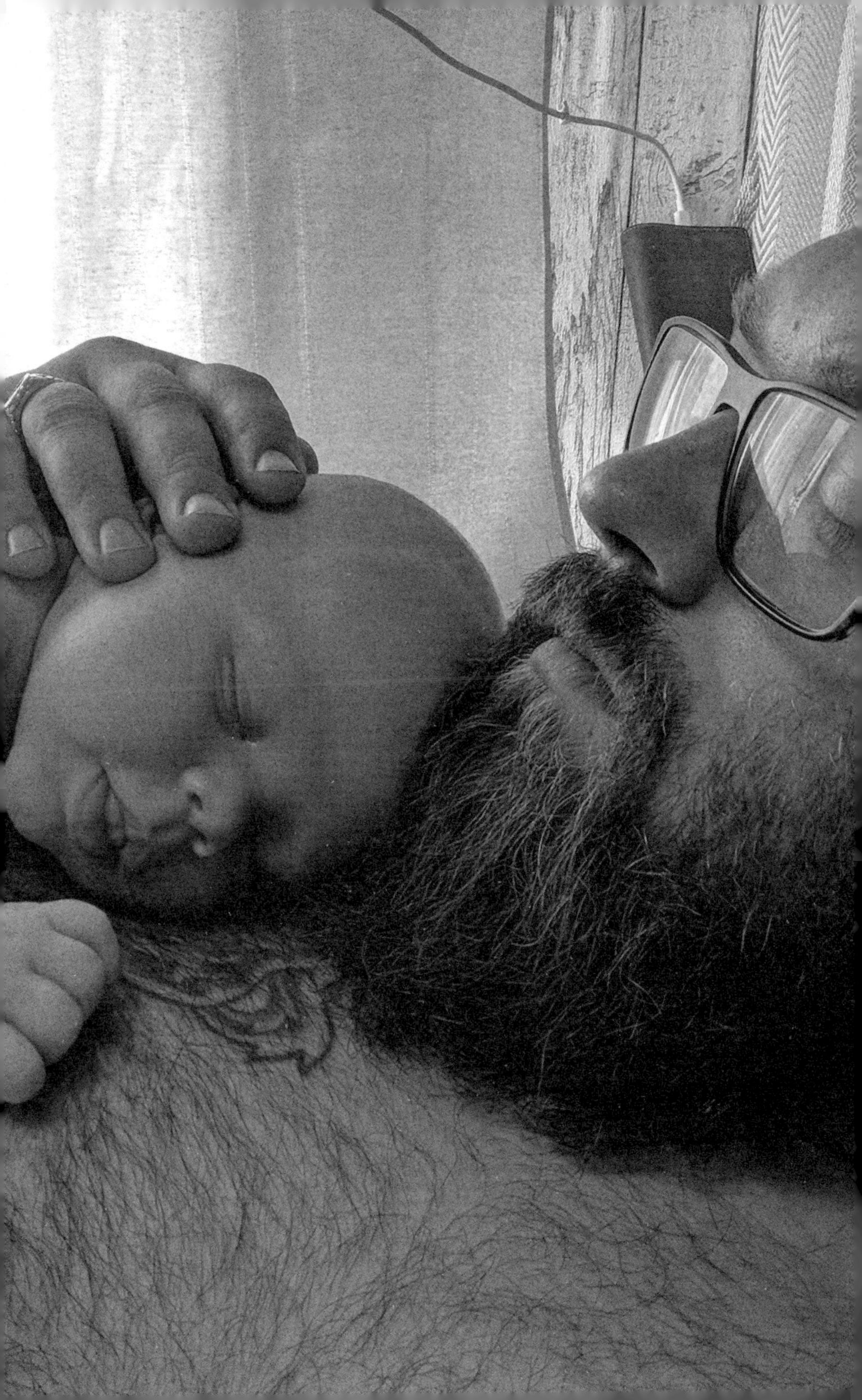

Ich werde Papa – aber kann ich das überhaupt?

Mein Verhältnis zum Thema Vaterwerden war, seit ich denken kann, nicht ganz einfach. Auf der einen Seite konnte ich mir nicht vorstellen, im Laufe meines Lebens nicht irgendwann Papa zu sein. Auf der anderen Seite hatte ich große Angst davor. Tief verankert in meinem Unterbewusstsein plagten mich Selbstzweifel. Ich fragte mich, ob ich diese neue Rolle ausfüllen könnte, ob ich der Aufgabe gewachsen wäre. Solche Zweifel trägt, glaube ich, jeder (werdende) Papa mit sich herum. Vielleicht kennt auch ihr dieses flaue Gefühl in der Magengrube bei dem Gedanken, dass man bald für eine oder mehrere kleine Personen verantwortlich ist – in einer ganz anderen Weise, als das bei anderen Beziehungen der Fall ist.

Bei mir hatten die Zweifel vor allem mit dem eigenen Vaterbild zu tun, das aufgrund persönlicher Erfahrungen sehr negativ geprägt war. Weil ich am eigenen Leib erlebt habe, was es mit einem Kind macht, wenn sein Erzeuger kein Vater sein will oder kann, wusste ich, welche Verantwortung ich da übernehme. Ich fürchtete, dass sich die Geschichte wiederholen würde wie eine sich selbst erfüllende Prophezeiung – ich hatte unfassbare Angst, es zu versauen. Wie ein Damoklesschwert schwebte das Versagen meines Vaters über mir und lähmte mich. Wenn ich in den folgenden Kapiteln über meinen Weg zu einer aktiven Vaterschaft erzähle, muss ich zugleich meine eigene Biografie reflektieren – und auch die Frage, was die Rollenbilder der Kindheit mit unserer eigenen Elternschaft zu tun haben (mehr dazu in Kapitel zwei).

Aufgewachsen bin ich in Herdecke, einer kleinen Stadt im Ruhrgebiet mit etwa 20.000 Einwohner*innen. Mein Vater hat mich und meine Mutter früh im Stich gelassen und war weder in finanzieller noch in emotionaler Hinsicht eine Stütze in meiner Kindheit. Ich bin Scheidungskind und wurde von meiner Mutter und meiner Oma aufgezogen, die direkt neben unserem kleinen, verwinkelten Fachwerkhaus wohnte.

» Nach Daten des Statistischen Bundesamtes gab es im Jahr 2021 etwa 2,61 Millionen Alleinerziehende in Deutschland. Auffallend ist, dass die Zahl der alleinerziehenden Mütter mit 2,15 Millionen sehr viel höher liegt als die der Väter mit 462.000. «

Meine Mama war und ist meine Heldin: Sie übernahm nicht nur zwei Jobs, um uns finanziell über Wasser zu halten, sondern versuchte, in allen Bereichen für mich da zu sein und die Vaterrolle mit zu übernehmen. Sie war es, die mit mir auf den Fußballplatz ging und Flanken übte, die mich später nach einer Erste-Mai-Demo aus dem Polizeigewahrsam abholte, die meine Erfolge mit mir feierte und mir half, mit Niederlagen umzugehen. Mein Vater war bei all dem abwesend, ich sah ihn nur sporadisch und hatte von Anfang an das Gefühl: Der interessiert sich nicht für mich.

Ich hatte kein männliches Vorbild in meinem Leben – und alles, was ich mit den Themen Vaterschaft oder Männlichkeit verband, war negativ geprägt. Mir hat nicht nur das positive Rollenbild gefehlt, sondern auch der positive und liebevolle Kontakt zu einer Vaterfigur, die – wie in der Sozialforschung vielfach belegt – besonders bei Jungen wesentlich ist für eine gesunde emotionale Entwicklung. Die Abwesenheit und Gleichgültigkeit meines Erzeugers haben mich schrecklich wütend gemacht.

Schon als Grundschulkind war ich ein echter Troublemaker, der ständig seinen Platz in der Welt suchte und mit Ablehnung schwer umgehen konnte. Ich war der, der im Sportunterricht als Letzter in die Mannschaft gewählt wurde und der seinem Frust später mit Rangeleien auf dem Schulhof ein Ventil geben wollte. Während meiner gesamten Jugendphase hatte ich Probleme in der Schule, habe rebelliert und meiner Mutter mit meinen Eskapaden ernsthafte Sorgen bereitet. So etwa, als ich Anerkennung in der Fußballszene suchte, wo archetypische Männer das Sagen hatten. Erst nach und nach verstand ich, dass ich damit das Vakuum einer männlichen Präsenz in meinem Leben auszufüllen suchte und auf einem grundsätzlich falschen Pfad war. (Über das Thema Männlichkeit werde ich in Kapitel sieben dieses Buches noch ausführlicher sprechen.)

Die Suche nach meiner Identität war immer auch ein innerer Kampf, den ich mit meinem abwesenden Vater austrug. Bis heute habe ich Szenen im Kopf, die diesen Kampf illustrieren. Etwa der Tag, als ich meine Ausbildung zum Gestaltungstechniker abschloss. Für mich ein wichtiges Ereignis, denn ich war nach der zehnten Klasse vom Gymnasium abgegangen und hatte mich durch viele schwere Zeiten zu diesem Abschluss durchgekämpft. Auf der Veranstaltung zur Feier dieses Meilensteins war es selbstverständlich, dass die Eltern erschienen. Meine Mama stand im Publikum, winkte mir mit Tränen in den Augen zu. Mein Vater, den ich auch eingeladen hatte, war nirgendwo zu sehen. Wie in einem schlechten Film ließ ich meine Augen durch den Raum wandern und musste realisieren, dass dieser Moment zu den unzähligen Enttäuschungen gehörte, bei denen er mich einfach vergessen hatte oder ich ihm nicht wichtig genug war.

Kein Wunder also, dass ich dem Thema Vaterschaft lange mit großer Skepsis begegnete. Noch heute beschäftigt mich die Auseinandersetzung mit meiner Biografie und meiner Familiengeschichte. Manchmal begegne ich diesem Menschen, der mir eigentlich so nah stehen sollte, auf der Straße oder im Supermarkt und wir schauen uns an wie Fremde. Aus Erzählungen weiß ich, dass der Vater meines Vaters es nicht besser gemacht hat. Ich konnte den Gedanken nicht ertragen, der nächste Dominostein in einer Reihe gescheiterter Väter zu werden. Für mich war klar, dass ich als Vater alles grundsätzlich anders machen wollte, dass ich für mich einen neuen Weg erschließen musste, für den ich noch keinen ausformulierten Plan und keine Blaupause zur Hand hatte.

Vor diesem Hintergrund ist diese hartnäckige, laute Stimme in meinem Kopf zu erklären, die mir eine unangenehme Grundsatzfrage stellte: „Was, wenn du das mit dem Papa-Sein nicht hinkriegst?“ Ich bin überzeugt, dass wir bei der Auseinandersetzung mit dem Thema Elternschaft früher oder später alle mit solchen Zweifeln konfrontiert werden – auch wenn unsere Erfahrungen mit dem Thema sich unterscheiden. Vielleicht ist die Stimme bei manchen lauter als bei anderen und stellt andere Fragen: Wird die Partnerschaft die Veränderungen aushalten? Sind wir finanziell ausreichend abgesichert für Nachwuchs? Wie wird ein Leben mit Kind(ern) aussehen? Bin ich tatsächlich bereit, meine persönliche Freiheit einzuschränken und in der neuen Rolle aufzugehen? Kann ich der Vater sein, den die Kinder brauchen? All diese Fragen machen wir häufig mit uns allein aus, als wären Verletzlichkeit und Angst vor dem Elternwerden Tabuthemen. (Das gilt selbstverständlich nicht nur für werdende Väter, sondern für alle Menschen, die Nachwuchs erwarten.) Ich finde, dass uns diese Herangehensweise nicht weiterbringt – unausgesprochene und totgeschwiegene Ängste verschwinden nicht, sondern lähmen stattdessen. Mir ist es wichtig, solche Tabus in diesem Buch offen anzusprechen. Nur wenn wir uns mit unseren Ängsten auseinandersetzen, kommen wir auf unserem persönlichen Weg weiter. Und vielleicht sind solche Ängste auch eine Ursache dafür, dass viele werdende Väter Probleme damit haben, ihre Rolle positiv zu definieren. Die Idee der Vaterschaft ist, zumindest bis Kinder da sind, eine theoretische, und in vielen Fällen ist sie geprägt von negativen Erfahrungen aus der eigenen Kindheit.

Wendepunkte

Ich konnte mir erst so richtig vorstellen, Vater zu werden, als ich mit meiner Partnerin Sophia zusammenkam. Zu diesem Zeitpunkt hatte ich mit der Hilfe meiner Mutter die Kurve gekriegt und war vom jugendlichen Troublemaker zu einem jungen Mann herangewachsen, der das Bedürfnis hatte, eine positive männliche Kontaktperson für Kinder und Jugendliche zu sein. Während meiner Jugend hatte ich immer wieder an Ausflügen des Jugendzentrums teilgenommen, das auch Kindern aus weniger begütertem Elternhaus die Teilhabe ermöglichte. Über die Jahre war dies zu einem wichtigen sozialen Netz für mich geworden. Als ich irgendwann zu alt war, um selbst mitzufahren, stieg ich ins Orga-Team ein und wurde selbst Betreuer bei einem ähnlichen Projekt. Damals merkte ich, wie wichtig es mir war, mich um andere zu kümmern. Für mich war es eine krasse Erfahrung, dass ich mit all meinen komplizierten Charakterzügen eine positive Identifikationsfigur für die Kinder sein konnte. Plötzlich war ich selbst das Vorbild, nach dem ich immer gesucht hatte. Für meine Charakterentwicklung hat diese Erfahrung mehr gebracht als jede Anerkennung, die ich vorher in anderen Kreisen gesucht hatte. Ich beschloss, noch eine zweite Ausbildung als Erzieher anzufangen, während derer ich erst in einem Jugendzentrum und später in einer vollstationären Familienwohneinrichtung arbeitete. Das war eine Zeit, in der sich in mir unheimlich viel bewegte und in der ich viel bewegen wollte. Ich wollte an meinen Aufgaben wachsen, wollte meine neue Vorbildrolle bestmöglich ausfüllen, mein Bild von Männlichkeit hinterfragen und mich neu definieren.

Sophia und ich kamen unter turbulenten Umständen zusammen. Ich befand mich in einer Beziehung und lernte sie als neuen Teil des Freundeskreises kennen. Nach und nach kamen wir uns näher, und ich spürte: Dies ist eine besondere Verbindung und ich muss herausfinden, was dahintersteckt. Ich habe das meiner damaligen Partnerin offen und ehrlich so gesagt und unsere langjährige Beziehung beendet, um den Sprung ins Ungewisse zu wagen. Was nach einer Kurzschlussentscheidung klingt, erwies sich als weiterer Wendepunkt in meinem Leben. Sophia und ich kamen zusammen, ich zog bei ihr ein und wir waren uns nach relativ kurzer Zeit sicher: Das ist der Mensch, mit dem ich mein Leben teilen möchte. Bevor wir uns versahen, sprachen wir über die Zukunft und planten unsere Hochzeit. In diesem Zusammenhang habe ich noch einmal versucht, den Kontakt zu meinem Vater aufzunehmen und ihn an meinem Leben teilhaben zu lassen. Kurz vor der Hochzeit traf ich mich mit ihm in einer Bäckerei, um ihm zu sagen, dass ich mit der Hochzeit seinen Namen ablegen und künftig Sophias Familiennamen tragen wolle. Ich hatte die Hoffnung, dass wir zumindest einen Schritt in Richtung Aussprache gehen könnten – und immerhin gab er zu, dass „viel falsch gelaufen" sei. Es gibt Hochzeitsbilder, auf denen mein Vater und ich uns nach dem Jawort in den Armen liegen. Doch kurz danach brach der Kontakt endgültig ab, und bis heute herrscht völlige Funkstille. Wenn meine Jungs mich fragen, wer der Mann auf den Fotos ist, dann sage ich ihnen: „Das ist mein Vater, euer Opa. Aber den habt ihr noch nicht kennengelernt."

Sophia hat wie kein anderer Mensch die Gabe, mir meine immer wieder aufflackernden Ängste zu nehmen und mir klarzumachen, dass ich es entgegen allen Zweifeln schaffen kann, ein guter Papa zu sein, dass ich die Geschichte nicht wiederholen muss, sondern meine eigene schreiben kann. Mit ihr war ich nach unserer Hochzeit zum ersten Mal in einer Lebenssituation, in der ich mir tatsächlich vorstellen konnte, Vater zu werden. Denn auch wenn ich als Einzelkind groß wurde, habe ich es immer genossen, wenn beispielsweise die Familie meines Onkels aus Paderborn zu Besuch kam und wir alle zusammen an einem großen Tisch saßen und redeten, wenn um mich herum überbordendes Leben stattfand.

Es gab zwischen Sophia und mir nie dieses eine Gespräch, bei dem wir entschieden: Lass uns versuchen, Eltern zu werden. Stattdessen wurde unser beider Kinderwunsch immer deutlicher, und irgendwann haben wir es einfach versucht. Ich kann mich noch genau an den Moment erinnern, als während der Arbeit mein Handy vibrierte und ich eine SMS bekam: „Ich habe einen Schwangerschaftstest gemacht und ich glaube, der ist positiv.“ Ich war vollkommen perplex und rief erst Sophia an, ob ich mich nicht verlesen hatte. Ich konnte es kaum glauben. Als Nächstes griff ich erneut zum Hörer und rief meine Mutter an, um ihr eine Frage zu stellen, die in gewisser Weise all meine Ängste umfasste, die in diesem Moment wieder real wurden: „Was mache ich denn jetzt?“ Eigentlich hätte ich das gern meinen Vater gefragt, es wäre seine Aufgabe gewesen, mich zu bestärken und mir Mut zuzusprechen. Doch auch in dieser Situation war meine Mutter für mich da. Sie sagte: „Felix, als Erstes freust du dich jetzt mal. Und dann bist du für Sophia da, und gemeinsam schafft ihr das.“

Der Fels in der Brandung

Sophia und ich freuten uns. Doch gerade am Anfang versuchten wir, uns noch nicht zu sehr in die Euphorie hineinzusteigern, denn leider verlaufen Schwangerschaften nicht immer nach Plan. Unmittelbar nach der Nachricht vom positiven Test gesellten sich zu meinen grundsätzlichen Ängsten vorm Vaterwerden noch sehr viel konkretere Sorgen: Da wuchs ein kleiner Mensch im Bauch meiner Partnerin heran, und es war meine Aufgabe, beide bestmöglich zu unterstützen. Im Gespräch mit anderen Vätern über die ersten Monate berichteten mir viele, wie wenig sie eigentlich über den körperlichen Vorgang wussten, der da abläuft. Wie funktioniert das physiologisch eigentlich genau? Welche Veränderungen durchläuft die Mutter in der Schwangerschaft und wie kann man sie als Partner bestmöglich unterstützen? Vielen Männern wurde bewusst, wie wenig vorbereitet sie sich eigentlich fühlten.

Grundsätzlich finde ich es beim Thema Vaterschaft wichtig, sich von einem Mindset zu verabschieden, das auf einem bestimmten Männlichkeitsbild beruht. Es geht um die Vorstellung, dass der Mann der Fels in der Brandung sein muss, der alles unter Kontrolle hat. Denn vielleicht trägt das Gefühl, dass da ein unbekannter Prozess abläuft, den man nicht direkt beeinflussen kann, zur gefühlten Hilflosigkeit vieler Väter bei. Gerade am Anfang stellte sich mir die Frage: Was kann ich denn jetzt hier überhaupt beitragen?

Mir hat es enorm geholfen, konsequent zu allen Voruntersuchungen mitzugehen und dort aktiv Fragen zu stellen: Wie läuft der Prozess während der Schwangerschaft ab? Was passiert mit meiner Partnerin und mit mir und wie kann ich sie und das Kind am besten unterstützen? Was gibt es zu organisieren? Auch die Geburtsvorbereitungskurse und die Termine mit der Beleghebamme, die uns während der Schwangerschaft begleitete, nahmen wir bis auf wenige Ausnahmen zusammen wahr.

> **»Obwohl die Zahl der Männer steigt, die an Geburtsvorbereitungskursen teilnehmen, begleitet nur jeder dritte werdende Vater seine Partnerin dorthin.«**

In einem dieser Vorbereitungskurse habe ich eine traurige Szene erlebt, die zeigt, wie wirkmächtig die Vorstellung vom Fels in der Brandung bei vielen Vätern ist. In einer Fragerunde traute sich ein junger Kerl die Hand zu heben und zu erzählen, dass er Angst vor dem Moment der Geburt im Kreißsaal habe – Angst davor, dass etwas schiefgehen könne, aber auch Angst davor, dass der blutige Geburtsprozess zu viel für ihn sein und er in Ohnmacht fallen könne. Die erste Reaktion vieler anwesender Männer (und auch einiger Frauen) war unterdrücktes Gekicher. Als wären diese Ängste absurd – man(n) solle sich doch nicht so anstellen. Dabei sind diese Ängste alles andere als absurd, sondern für viele werdende Väter eine tiefe, oft unausgesprochene Sorge. In der Charité in Berlin wurde 2015 eine Studie durchgeführt, bei der der Gemütszustand von werdenden Vätern unmittelbar vor der Geburt abgefragt wurde. 30 Prozent der Befragten gaben an, dass sie Angst hätten, sich im Kreißsaal hilflos zu fühlen. 15 Prozent hatten Angst zu stören und zehn Prozent fürchteten, in Ohnmacht zu fallen. Die Dunkelziffer ist sicherlich viel höher.

Wie sollen werdende Väter solche Ängste überwinden, wenn sie sogar in einem scheinbar geschützten Raum dafür bestraft werden, dass sie sich verletzlich zeigen? Ich hatte jedenfalls Respekt vor dem jungen Vater: Er hat den Mund aufgekriegt und sich aktiv mit seiner Sorge auseinandergesetzt, statt sie totzuschweigen.

» Bei traditionellen Geburtsvorbereitungskursen steht – vollkommen zu Recht – oft die Mutter im Mittelpunkt. Begleitend werden heute aber auch Kurse angeboten, die sich mit den Sorgen und Ängsten werdender Väter auseinandersetzen und Platz für Austausch bieten. Siehe zum Beispiel www.vaterwelten.de. «

Kommunikation war in der Schwangerschaft auch für uns als Paar besonders wichtig. Wir haben versucht, unsere individuellen und gemeinsamen Ängste offen zu kommunizieren und miteinander zu teilen. Als Mann eine emotionale und praktische Stütze in der Schwangerschaft zu sein, muss nicht heißen, sich als unverwundbar zu inszenieren. Ängste zu haben, ist okay. Sie zu thematisieren und darüber zu reden, kann werdende Eltern sogar noch näher zusammenbringen.

Der Bauch wächst

In Vorbereitung auf die Geburt setzten wir uns viel damit auseinander, wie wir alles organisieren würden. Das half uns dabei, die Unsicherheit ein wenig abzubauen. Ich erwähnte bereits, dass uns eine Beleghebamme – ihr Name war Birgit – unterstützte, was ein großes Glück für uns war. Beleghebammen arbeiten freiberuflich, begleiten die gesamte Schwangerschaft und sind auch bei der Geburt im Kreißsaal dabei.

Meine Hilflosigkeit nahm in dem Maße ab, wie ich mich mit der neuen Verantwortung auseinandersetzte. Jeder gynäkologische Termin, jeder Austausch mit der Beleghebamme, jedes Gespräch im Geburtsvorbereitungskurs gab mir ein besseres Gefühl. Und im Alltag galt das, was meine Mutter mir nach dem positiven Test schon mit auf den Weg gegeben hatte: Bedingungslos für die Partnerin da sein, ihr zuhören und sich nach und nach in die neue Rolle hineinfinden.

Auch die bei allen Eltern präsente Angst, dass irgendetwas schiefgehen könnte, nahm im Laufe der Zeit ab. Ich kann mich noch gut erinnern, dass ich in einem fortgeschrittenen Stadium der Schwangerschaft eine Scheibe in der Hand hatte, auf der die verschiedenen Schwangerschaftsstadien aufgelistet waren und welche Probleme jeweils auftauchen könnten. Ich muss wohl sehr besorgt ausgesehen haben, als ich dort stand und mir alles durchlas, denn irgendwann kam Beleghebamme Birgit zu mir, berührte mich sanft am Arm und sagte beruhigend, aber eindringlich: „Felix, das Baby ist jetzt da, und das bleibt auch da."

Während der Schwangerschaft waren nicht nur die Kommunikation und Information über das, was kommt, wichtig für mich, sondern auch das Erlebnis, irgendwann körperlich an dem Prozess teilhaben zu können, dass da tatsächlich ein kleiner Mensch heranwuchs. Wir waren gerade in unseren Flitterwochen in Frankreich (als wir heirateten, war Sophia bereits schwanger), als das Kind zum ersten Mal anfing zu treten. In solchen Momenten wird alles noch ein Stück realer – es wird immer klarer, dass sich der Tag der Geburt nähert. Aber das führte bei mir nicht dazu, dass ich noch mehr Panik bekam, sondern entfachte im Gegenteil meine Vorfreude auf alles Kommende. Es war unbeschreiblich schön, als werdender Vater zum ersten Mal das Kind im Mutterleib mit den eigenen Händen spüren zu können. Es war schön, die Ultraschallbilder zu sehen und immer mehr Details zu erkennen. Und es war schön, das alles mit meiner Partnerin zu teilen.

Tanzen

Auf einmal ging alles viel schneller, als wir gedacht hatten. Die Fruchtblase platzte, und wir machten uns mit den gepackten Sachen und jeder Menge Aufregung auf den Weg in das anthroposophische Krankenhaus in Herdecke, wo man uns erst mal direkt wieder nach Hause schicken wollte. Zum Glück war unsere Beleghebamme schnell vor Ort und sorgte dafür, dass wir bleiben durften und in einem schönen Zimmer in warmen Orangetönen untergebracht wurden, bis es Zeit war, in den Kreißsaal zu wechseln. Dieser Raum war zum Glück kein karger steril-weißer Krankenhausraum. Das war wichtig, denn es sollte noch eineinhalb Tage dauern, bis unser Sohn das Licht der Welt erblickte. Um diese Zeit auszufüllen, die wir mit einer Mischung aus Vorfreude und angstvollem Bangen erlebten, gab uns Beleghebamme Birgit einen Tipp: Jede Art von sanfter Bewegung tue gut und könne dafür sorgen, dass Sophia sich etwas entspanne. Es klingt vielleicht seltsam, aber uns hat Tanzen vor der Geburt geholfen.

Sophia hatte schon ihr Netzhöschen und ihr Geburtskleid an, ich war in gemütlicher Jogginghose, einem überdimensionierten T-Shirt und mit stylischem Hut unterwegs. Birgit ließ auf dem Handy irgendeinen langsamen Song spielen, und wir beide schunkelten ganz langsam durch den Raum, so gut es mit Sophias Kugel vor dem Bauch eben ging. Das war eine komisch-schöne, aber auch sehr verbindende Szene, die Symbolwirkung hatte: Das hier war unser gemeinsamer Tanz – alles, was jetzt vor uns lag, würden wir gemeinsam angehen.

Dieses Bild bringt mich zurück zum Thema der Vaterängste, die bei vielen Männern von einer gewissen Hilflosigkeit unmittelbar vor der Geburt begleitet werden. Kurz nachdem wir im Krankenhaus ankamen, nahm mich unsere Birgit beiseite und sprach mit mir über meine Rolle im Geburtsprozess. Sie sagte zu mir:

„Pass auf, Felix, du bist im gesamten Prozess bei Sophia. Wenn es richtig losgeht und wir entbinden, dann kümmerst du dich um das, was oben passiert: Du hältst ihre Hand, du streichelst sie, du atmest mit ihr, du redest mit ihr, du lässt dich anschreien und tust alles, um ihr zu helfen. Währenddessen kümmern wir uns um das, was untenrum abläuft und mit dem Baby zu tun hat, denn dabei kannst du Sophia und dem

Medizinteam nicht helfen. Aber sobald das Kind da ist, brauche ich dich. Dann bist du mit deiner Körperlichkeit gefragt.“

Diese Ansage hat mir sehr geholfen und viele Fragen beantwortet, die manche Väter vielleicht gar nicht zu stellen wagen. Ich wusste genau: Das kann ich tun, das ist meine Aufgabe. Danach war ich zwar immer noch furchtbar aufgeregt, aber kein nervliches Wrack, wie Väter vor der Geburt manchmal karikaturhaft dargestellt werden.

Als Sophia zwischendurch für ein paar Minuten Schlaf fand, ging ich runter zum Snack-Automaten und traf dort einen jungen Mann, der den Gang der Geburtsstation rastlos und nervös rauf und runter tigerte. Ich fragte ihn besorgt, ob alles okay sei, ob ich ihm irgendwie helfen könne. „Es geht jetzt jeden Moment los“, erwiderte er mit einem sorgenvollen Blick. „Na, worauf wartest du dann – rein da!“, sagte ich, denn ich hatte das Gefühl, dass er einen kleinen Stups der Ermutigung brauchte. Das schien ihm zu helfen, denn er lächelte dankbar und machte sich auf den Weg.

> **„Erst mit dem Bewusstseinswandel, der in den 1970er-Jahren mit der sexuellen Revolution seinen Anfang nahm, wurde die Anwesenheit von Vätern in Kreißsälen zunehmend normalisiert. Heute erleben etwa neun von zehn Vätern die Geburt ihrer Kinder live.“**

Versteht mich nicht falsch: Manchmal gibt es medizinische oder andere triftige Gründe, dass der werdende Vater die Geburt nicht miterleben kann. Auch die Angst vor Blut oder der unkontrollierbaren Situation sind absolut okay, ich selbst hatte diese Gefühle. Aber sofern es irgendwie möglich ist, sollte meiner Meinung nach jeder Mann bei der Geburt seines Kindes dabei sein – allein schon, um seiner Partnerin beizustehen, die eine unvergleichliche körperliche und emotionale Belastung durchlebt. Wir leben nicht mehr im Mittelalter, bei der die Frauen sich allein mit der Geburt abmühen müssen, um dem Mann, der mit dem frisch erlegten Wildschwein von der Jagd kommt, anschließend den Fortführer der Blutlinie zu präsentieren. Väter – das ist auch euer Tanz.

Der Beginn einer neuen Reise

Im Vorfeld der Geburt hatte ich mir eine kleine Liste mit Menschen gemacht, denen ich Bescheid sagte, als wir ins Krankenhaus fuhren. Vertraute, die mir gut zugeredet, die meine Ängste nicht kleingeredet und mich gleichzeitig beruhigt hatten. Viele sagten mir, dass meine Sorgen sich in dem Moment auflösen würden, wenn ich das Kind im Arm hätte. Doch bis dahin befand ich mich in einem Modus der angespannten Vorfreude.

Sophia war durch den langen Vorlauf erschöpft. Als es dann richtig losging, tat ich mein Bestes, meine Aufgabe so zu erfüllen, wie Beleghebamme Birgit mich gebeten hatte. Aber selbst mit ihrem Briefing war es sehr schwierig für mich, hilflos danebenzustehen, während meine Frau schlimme Schmerzen durchmachte. Die Geburt selbst lief wie im Zeitraffer ab, und als unser Sohn dann endlich da war, gab es einen kurzen Moment der Stille, bevor er sich mit einem sanften Krähen zum ersten Mal geräuschvoll der Welt bemerkbar machte. Innerhalb eines Wimpernschlags war plötzlich alles anders. Ihn zu hören und zu sehen, war einer der Höhepunkte meines Lebens. Und wir waren beide sehr erleichtert, dass aus medizinischer Sicht alles gut war. Für mich war dies ein Brennglasmoment, in dem sich die Anspannung, das Bangen und Warten vor und während der Schwangerschaft zu einer tiefen Freude verdichteten.

Der Kleine wurde sofort sauber gemacht und eingewickelt und dann Sophia an die Brust gelegt. Nachdem er sich beruhigt hatte und vorerst satt war, sagte Birgit zu mir: „So, Felix, wir versorgen jetzt Sophia und du bist mit dem Nachwuchs an der Reihe." Ich zog mein T-Shirt aus und legte mich mit freiem Oberkörper auf ein Bett. Birgit legte mir den kleinen neuen Menschen auf die nackte Brust. In dem Augenblick, als ich meinen Sohn auf meiner Haut spürte, verdichtete sich der Raum um mich. Es fällt mir schwer, dieses hochemotionale Erlebnis zu beschreiben – aber es war tatsächlich ein bisschen wie in einer Filmszene, in der alles in Zeitlupe abläuft, die Geräusche dumpf werden und die Kamera auf dieses kleine Wesen zoomt. Meine Emotionen überwältigten mich, und als ich meinen Sohn tränenüberströmt anblickte, wurde mir klar: Das hier ist der Beginn einer neuen Reise. Die Verbindung zu diesem kleinen Würmchen, das hier auf meiner Brust lag, war eine neue Verantwortung. Ihm gegenüber, aber auch mir selbst gegenüber. Ich war nun Vater und wollte verdammt noch mal der beste Vater sein, der ich werden konnte – auch wenn ich ein Papa ohne Plan war. Es ist nicht so, dass meine Sorgen und Zweifel damit von mir abfielen, aber auf einmal hatte ich diesen kristallklaren Fokus: Das hier ist jetzt das, was zählt – und alles, wovor ich Angst habe, wird sich fügen. Als mein Sohn seine Wange gegen meinen Bart schmiegte, hatte ich zum ersten Mal das Gefühl, richtig zu mir gefunden zu haben.

2

Neues Bewusstsein, alte Rollen?

UNLEARN
AND
EVOLVE

Gleichberechtigt? Von wegen

Die Journalistin und Autorin Alexandra Zykunov hat in ihrem klugen Buch *„Wir sind doch alle längst gleichberechtigt!"* einen Satz formuliert, der mir zu denken gab:

„Kreißsäle wirken wie Zeitmaschinen in die Vergangenheit: Paare gehen im Hier und Jetzt in den Kreißsaal hinein und kommen 1960 wieder heraus."

Wie viele moderne Väter ging auch ich mit den besten Vorsätzen in den Kreißsaal nicht nur hinein, sondern auch heraus. Ist die Rollenvorstellung, dass Mutti für Haushalt, Herd und Nachwuchs zuständig ist und Papa die Kohle nach Hause bringt, denn nicht längt überholt? Sind wir nicht schon viel weiter? Ich jedenfalls glaubte vor der Geburt unseres ersten Kindes, dass ich als aufgeklärter und selbstreflektierter Mann in das Abenteuer Vaterschaft starte. Ich war von zwei starken Frauen großgezogen worden, das Thema Gleichberechtigung war kein Fremdwort für mich. Trotzdem blieb es mir wichtig, mich weiter damit auseinanderzusetzen, denn ich wollte es anders machen als viele Väter der Vergangenheit. Ich wollte nicht Teil des Problems, sondern Teil der Lösung sein. Je tiefer ich in das Thema einstieg, desto klarer wurde mir: Das Problem war größer, als ich angenommen hatte. Auch ich hatte unbewusst eine Menge Verhaltensweisen übernommen, die ich früher nie als problematisch wahrgenommen hatte.

Wir alle sind mit Rollenbildern aufgewachsen, die uns beeinflusst haben. Wer ernsthaft daran interessiert ist, diese

Muster abzulegen, muss sich unweigerlich mit Realitäten beschäftigen, die unangenehm sind und vielleicht sogar wehtun.

Hier von einem Wir zu sprechen ist in gewisser Weise problematisch. Einerseits gibt es die gesamtgesellschaftliche Perspektive: Man kann auf Studien und Statistiken zurückgreifen, um ein Gefühl dafür zu bekommen, wie gleichberechtigt wir wirklich sind – was wir in diesem Kapitel auch tun werden. Andererseits spielt auch die individuelle Perspektive eine Rolle. Und da wird es schwieriger, denn diese ist bei jeder Person unterschiedlich. Meine Perspektive ist: Wir müssen unbedingt weg von den altbackenen Vorstellungen. Gleichzeitig möchte ich aber niemandem vorschreiben, wie diese Person ihr Leben gestaltet und die Rollen in einer Partnerschaft verteilt – solange diese Verteilung auf Augenhöhe geschieht. Meiner Meinung nach ist der Wunsch nach einer aktiveren Vaterschaft eng verbunden mit Gleichberechtigung. Wenn ein Vater gemäß der Rollenverteilung der 1960er-Jahre mit allem, was seine Kinder betrifft, kaum etwas zu tun hat, darf er sich nicht wundern, wenn er irgendwann feststellt, im Leben seiner Kinder nur eine Nebenrolle zu spielen. Das ist eine dieser Wahrheiten, die wehtun.

» Laut einer Befragung des Allensbacher Instituts für Demoskopie aus dem Jahre 2019 erwarten mittlerweile 84 Prozent der Bevölkerung, dass ein Vater möglichst viel Zeit mit den Kindern verbringt. Nur 30 Prozent der Befragten war der Meinung, dass das auch für die Generation ihrer eigenen Eltern Teil des Rollenbilds war. «

Eine harsche Erkenntnis, die ich hatte, ist folgende: Auch wenn wir – gesamtgesellschaftlich und individuell – überzeugt sind, dass wir die Vorstellungen der 1960er-Jahre überwunden haben, sprechen die Fakten eine andere Sprache. Von echter Gleichberechtigung sind wir noch weit entfernt. Gerade wenn in einer Partnerschaft Nachwuchs auf den Plan tritt, fallen wir leider allzu oft in Rollenbilder von anno dazumal zurück. Das schadet nicht nur uns Eltern, sondern gibt diese Denkweisen zugleich an unsere Kinder weiter. Ich glaube, dass wir aus diesem Teufelskreis ausbrechen und den angestaubten Ballast loswerden können. Doch bevor ich darstelle, warum wir noch lange nicht gleichberechtigt sind, und gegen Ende dieses Kapitels skizziere, wie wir vielleicht weiterkommen könnten, möchte ich noch einige wichtige Vorbemerkungen loswerden.

Die Diskussion um Gleichberechtigung ist automatisch eine feministische und dementsprechend werde ich im Verlauf dieses Buches immer wieder Begriffe und Gedanken aufgreifen, die in dieser Debatte eine Rolle spielen. Mir ist es wichtig, über diese Themen zu schreiben und auf Missstände aufmerksam zu machen. Aber ich maße mir nicht an, als Feminismusexperte aufzutreten, denn das bin ich nicht. Ich bin ein Mann, der ein aktiver Vater und ein guter Partner sein will – und dazu gehört auch die (Selbst-)Reflexion über das Thema Gleichberechtigung. Ich möchte auf keinen Fall als Mansplainer auftreten oder verstanden werden – also als Mann, der von Diskriminierung und Ungerechtigkeit Betroffenen erklärt, was Sache ist. Ich hatte und habe als Mann nur Zugang zu einer weiblichen beziehungsweise nicht-heteronormativen Perspektive, indem ich Betroffenen zuhöre, von ihnen lerne und Gedanken, die mich zum Nachdenken gebracht haben, dann wiederum eine Plattform biete, um die

Inhalte zu verstärken. Das tue ich nicht, um mich damit zu profilieren, sondern ich will ein Verbündeter sein (mehr dazu am Ende dieses Kapitels).

Wenn ich im Folgenden mit Begriffen wie „Patriarchat“ hantiere und darstelle, wie weit wir noch von echter Gleichberechtigung entfernt sind, greife ich auf bereits bestehende Gedanken und Darstellungen kluger Menschen zurück, die mir als Mann und Vater in vielerlei Hinsicht den Spiegel vorgehalten und viel in mir ausgelöst haben. Ich hoffe, dass auch ihr durch die Lektüre zum Nachdenken angeregt werdet und mir am Ende zustimmt, dass sich grundsätzlich etwas an unseren Rollenbildern und auch an der Aufgabenverteilung ändern muss.

> Der Begriff „Patriarchat“ ist aus den altgriechischen Worten *pater* (Vater) und *arche* (Herrschaft) zusammengesetzt, bedeutet also „Männerherrschaft“. Im weiteren feministischen Kontext bezeichnet der Begriff ein System der männlichen Dominanz und dementsprechend der strukturellen Benachteiligung und Unterdrückung von Frauen und generell allen Menschen, die nicht als Männer gelesen werden.

Parkplatznamen von gestern, Bullshit-Sätze und Duden-Fails

Wie weit verbreitet patriarchale Denkmuster, Klischees und Vorurteile noch immer sind, zeigt sich beispielsweise sehr deutlich an vielen Begriffen und Ausdrucksweisen, die wir tagtäglich benutzen.

Wenn man bei uns im Umkreis Herdecke einkaufen fährt, sieht man vor manchen Supermärkten noch Schilder, bei denen ich mich jedes Mal ärgere. „Mutter mit Kind" prangt es blau-weiß auf dem Parkplatzschild. Prinzipiell sind spezielle Parkplätze direkt am Eingang für Eltern keine schlechte Idee, denn wer hat schon Lust, schwere Einkaufstüten und quengelnde Kinder auf einen Tagesausflug über das Supermarktgelände mitzunehmen? Nun bin ich als Vater Gangster genug, um trotzdem auf einem Mutter-Kind-Parkplatz zu parken, wenn ich mit den Kids einkaufen gehe. Aber warum heißen die Dinger nicht einfach Elternparkplätze? Mein Problem mit der Bezeichnung „Mutter-Kind-Parkplatz" besteht nicht unbedingt darin, dass ich mich diskriminiert fühle. Viel mehr stört mich, dass hier eine Vorstellung manifestiert wird, die eigentlich schon längst patriarchalen Blauschimmel angesetzt hat: Es ist die Aufgabe der Mutter, sich um Haushalt und Kinder zu kümmern. Die Verantwortung für die sogenannte Care-Arbeit wird durch diese Bezeichnung klar den Müttern zugeschoben, als sei das ihre selbstverständliche Aufgabe innerhalb der Gesellschaft.

„Care-Arbeit oder Sorgearbeit bezeichnet den Prozess des Sich-Kümmerns – beispielsweise um die Kinder, eine zu pflegende Person oder auch Freund*innen. Entstanden ist der Begriff, um „die unbezahlte Arbeit von Frauen, Müttern und Töchtern in Haushalten und Familien sichtbar zu machen und sie als Arbeit anzuerkennen", wie die französische Politologin und Aktivistin Emilia Roig in ihrem Buch *Why We Matter* schreibt."

Dieses Ungleichgewicht zwischen Vätern und Müttern, zwischen Mann und Frau ist nicht nur auf dem Supermarktparkplatz, sondern auch in unzähligen Alltagssituationen präsent. Small-Talk-Sätze wie „Der Papa muss wohl heute mal babysitten“ oder „Das ist ja toll, dass der Papa auch im Haushalt hilft“ kommen für einige auf den ersten Blick vielleicht unschuldig daher, aber hier zeigt sich ein gewaltiges Problem: Aktive Väter „babysitten“ nicht, sondern kümmern sich um ihre Kinder. Sie „helfen“ nicht im Haushalt, sondern erledigen ihre Haushaltsaufgaben. Sie tragen in genau der gleichen Weise Verantwortung, sich um die Familie zu kümmern, wie ihre Partner*innen.

All das arbeitet Alexandra Zykunov in ihrem Buch hervorragend heraus und stellt fest: Sprache schafft Realität. Oder anders ausgedrückt: Solange wir in Sprachmustern der Vergangenheit feststecken, leben wir noch immer in einer Realität, in der von Frauen wie selbstverständlich erwartet wird, dass sie die Care-Arbeit übernehmen. Wie absurd das ist, wird deutlich, wenn wir solche Bullshit-Sätze, wie Zykunov sie nennt, umdrehen. Würden wir eine Frau dafür loben, dass sie sich um ihre Kinder kümmert oder im Haushalt hilft? Sicherlich nicht. Warum machen wir das dann bei Männern? Diese Doppelmoral muss aufhören, denn solange wir den patriarchalen Sprachmustern auf den Leim gehen, kommen wir auch bei der Frage nach aktiver Vaterschaft nicht weiter.

Dass wir auf sprachlicher Ebene noch lange nicht in einer neuen Realität angekommen sind, zeigt auch der Blick in den Duden: Wir brauchen problembewusste Begriffe wie Care-Arbeit oder Sorgearbeit, doch beide haben es erst in den letzten Jahren in den Mainstream geschafft und sind bis heute nicht im Duden vertreten. Sprache ist lebendig und verändert sich – wenn wir ein neues Bewusstsein etablieren wollen, müssen wir die Art und Weise anpassen, wie wir über Dinge sprechen.

» Ergänzend zum Thema der ungleich verteilten Care-Arbeit gibt es ein psychologisches Phänomen, das ebenfalls erst einen neuen Namen bekommen musste: Mental Load bezeichnet die Belastung (insbesondere von Frauen), die dadurch entsteht, alle kleinen Alltagsaufgaben organisieren zu müssen (Näheres dazu in Kapitel drei). «

Zahlen gegen das Schönmalen

Einige Leser*innen werden an dieser Stelle vielleicht folgenden Gedanken im Hinterkopf haben: Okay, Felix, dein Punkt ist angekommen – aber wer spricht denn heute noch so und bei welchen Familien gibt es solche Rollenbilder überhaupt noch? Das sind doch alles Relikte der Vergangenheit.

In manchen Blasen mag das (zumindest gefühlt) der Fall sein, aber wie sieht es im großen Ganzen aus? Um zwischen gefühlter Wahrheit und Realität zu unterscheiden, müssen wir an dieser Stelle einen Blick in Statistiken werfen. Also Achtung: In den nächsten Abschnitten kommen ein paar Fakten und Daten. Bitte überspringt diesen Teil nicht. Mir haben diese plakativen Zahlen geholfen zu erkennen, wie sehr wir uns das Bild der partnerschaftlichen Gleichberechtigung immer noch schönmalen.

Fangen wir mit dem Thema Kinderbetreuung an. Laut einer Umfrage des Instituts für Demoskopie Allensbach wünschten sich 2021 etwa 55 Prozent der Väter, die Kinderbetreuung gleichmäßig aufzuteilen. Das klingt erst mal nicht schlecht – immerhin die Hälfte! Aber Moment: Wünschen kann man sich viel. Entscheidend ist, wie solche Wünsche umgesetzt werden. Und da ist das Bild längst nicht so positiv, denn in der Realität übernehmen nur etwa 17 Prozent der Eltern die Kinderbetreuung zu gleichen Teilen.

Doch sehen solche Zahlen bei jungen Paaren nicht viel freundlicher aus, schließlich ist meine Generation doch so progressiv? Pustekuchen. Nach Daten des Bundesministeriums für Familie, Senioren, Frauen und Jugend (BMFSFJ) aus dem Jahr 2019 zeigt sich die Differenz der Aufteilung von Care-Arbeit bei der modellhaften Altersgruppe der 34-jährigen heterosexuellen Paare besonders deutlich. Während Frauen pro Tag durchschnittlich etwa fünf Stunden und 18 Minuten Care-Arbeit leisten, wenden Männer nur zwei Stunden und 31 Minuten auf.

> **»Der sogenannte Gender-Care-Gap ist ein Indikator für die Gleichstellung in der Familie und gibt die Differenz der übernommenen Care-Arbeit in Prozent an. Im Beispiel der 34-Jährigen ergibt sich ein Gender-Care-Gap von stattlichen 110,6 Prozent.«**

Ausgerechnet in der Lebensphase, in der sich große Lebensereignisse (Geburt der Kinder, Karriereaufstieg und so weiter) häufen, gibt es bei jungen Paaren also den deutlichsten Rückfall in alte Muster. Je älter die Kinder werden, desto kleiner wird der Gender-Care-Gap. Bezogen auf alle Altersgruppen liegt dieser Wert im Schnitt dennoch bei erschreckenden 86 Prozent mehr Care-Arbeit, die Mütter im Vergleich zu Vätern verrichten.

An dem riesigen Unterschied in der absoluten Betreuungszeit haben auch Coronapandemie, Kurzarbeit und Homeoffice wenig geändert. Trotzdem resümiert der *Väterreport* des BMFSFJ – eine Art Wasserstandsbericht der Regierung für moderne Vaterschaft – im Jahr 2021: „Die Coronakrise ist [...] eine Chance für Väter, Partnerschaftlichkeit einzuüben und die Familienarbeit nachhaltig partnerschaftlich aufzuteilen." Von Chancen und Herausforderungen zu sprechen, klingt für mich in diesem Zusammenhang nach Marketingsprache, ganz nach dem Motto „Wir holen das Beste aus der Krise heraus". Der Bericht präsentiert Zahlen, nach denen „immerhin jede fünfte Paarfamilie (21 Prozent) mit Kindern unter 15 Jahren [angab], dass die Aufteilung mit dem anderen Elternteil partnerschaftlicher wurde". Was ausgespart wird: Im Umkehrschluss bedeutet dies, dass in den restlichen 79 Prozent Paarfamilien offenbar die Mütter die Mehrarbeit während der Coronapandemie auffangen mussten. Denn auch wenn es Studien gibt, die zeigen, dass Väter relativ gesehen mehr Care-Arbeit pro Tag übernehmen als früher, steht auf der anderen Seite immer noch die Realität, dass Mütter auch während Corona noch den Hauptanteil allein schultern mussten.

In der Allensbach-Studie wollen zudem nur etwa 47 Prozent der Eltern, bei denen die Verteilung „partnerschaftlicher" geworden ist, diese Verteilung auch in Zukunft beibehalten – der Rest will schnell zurück in die alte, ungleiche Gewohnheit.

Im *Väterreport* kann man außerdem lesen, dass „viele Familien [in der Coronapandemie] zum ersten Mal, wenn auch unter besonders schwierigen und erzwungenen Bedingungen, erfahren [konnten], was partnerschaftliche Aufgabenteilung für den Familienalltag bedeutet". Und weiter: „Väter, die schon vorher den Wunsch nach mehr Zeit mit den Kindern hatten, konnten dies durch eine (bisweilen unfreiwillige) Reduzierung der Arbeitszeit oder Homeoffice verwirklichen." Hier komme ich beim Lesen ins Stocken. Väter können ihren Wunsch nach mehr Zeit mit den Kindern also nur verwirklichen, wenn sie krisenbedingt in Kurzarbeit gezwungen werden? Für mich klingt das nicht nach einem Indiz dafür, dass sich das „Leitbild der aktiven Väter", wie es im *Väterreport* heißt, aktuell weiter verbreitet. Zwar geben laut der Allensbach-Umfrage 69 Prozent der Väter mit Kindern unter sechs Jahren zu Protokoll, dass sie sich an der Erziehung und Betreuung ihrer Kinder mehr beteiligen, als ihre Väter das taten. Dass viele Väter heute mehr Care-Arbeit leisten als früher, heißt jedoch noch nicht, dass wir in Sachen Gleichberechtigung einen großen Schritt gemacht haben.

Versteht mich nicht falsch, liebe Leser*innen: Ja, Corona war und ist bis heute eine Belastung für viele Familien, und viele Väter werden erst in dieser Ausnahmesituation gemerkt haben, wie viel Care-Arbeit zu Hause eigentlich anfällt. Und ja, durch Homeoffice und Kurzarbeit mehr Zeit für die Kinderbetreuung zu haben, hat bei einigen Vätern sicher etwas ausgelöst. Aber die Frage ist doch: Wie gehen wir als Väter mit diesen Krisenerfahrungen um? Menschen sind Gewohnheitstiere – wenn auf solche Erfahrungen keine nachhaltige Änderung von partnerschaftlichen Dynamiken folgt, kommen wir in Sachen Gleichberechtigung und aktive Vaterschaft nicht wirklich weiter.

Ernährer vs. Hausfrau

Die Zahlen zur Care-Arbeit zeigen deutlich, dass hier noch immer ein großes Ungleichgewicht zwischen Vätern und Müttern herrscht. Eine wesentliche Ursache dafür ist die Rollenverteilung des Vaters als Ernährer und der Mutter als Hausfrau – und diese hat eine Menge mit den Vorstellungen von Arbeit zu tun. In der traditionellen (besser: veralteten) patriarchalen Vorstellung ist der Mann Alleinverdiener, er geht einer Erwerbstätigkeit nach, während die Frau für Reproduktion, Haushalt und Kinder zuständig ist. Hier wird noch mal deutlich, warum der Begriff der Care-Arbeit so wichtig ist. In der patriarchalen Denkweise werden die Milliarden und Abermilliarden Stunden des unbezahlten Sich-Kümmerns gar nicht als Arbeit wahrgenommen – nur die kapitalistisch messbare Erwerbs- beziehungsweise Lohnarbeit gilt als echte Arbeit.

Historisch gesehen waren solche Rollenbilder in Deutschland sehr präsent. In den 1950er- und 1960er-Jahren galt die sogenannte kleinbürgerliche Familie als Leitbild der Familienpolitik. Das Alleinverdienermodell war Standard, die Lohnbedingungen und gesetzlichen Zuschüsse waren so strukturiert, dass die Familie von nur einem Einkommen (nämlich dem des Mannes) leben konnte.

> »In Westdeutschland war bis 1977 noch gesetzlich vorgeschrieben, dass eine verheiratete Frau die Erlaubnis ihres Ehemanns benötigte, wenn sie erwerbstätig sein wollte.«

Später verbreitete sich durch gesellschaftliche Veränderungen und einen Wechsel der Lohnstrukturen das sogenannte

Zuverdienermodell: Der Vater war weiterhin Hauptverdiener und arbeitete Vollzeit, die Mutter arbeitete vorwiegend in Teilzeit (mehr dazu in Kapitel vier).

Bis heute gibt es eine große Differenz in der Erwerbstätigkeitsquote. Nach Zahlen des Statistischen Bundesamtes gehen Väter mit Kindern unter 18 Jahren zu 91 Prozent einer Erwerbstätigkeit nach, bei Müttern liegt diese Quote nur bei 69 Prozent. Auffallend ist auch: Während bei Vätern das Alter der Kinder keine Rolle für die Erwerbstätigkeitsquote spielt, nimmt sie bei Frauen zu, je älter die Kinder sind. In Kombination mit den Zahlen zur Verteilung der Care-Arbeit sieht man: Mütter leisten faktisch immer noch den Bärenanteil der Care-Arbeit und gehen im Vergleich zu früher zusätzlich häufiger einer Erwerbstätigkeit nach.

Die historische Rollenverteilung von Ernährer vs. Hausfrau hat natürlich auch Auswirkungen auf den Verdienst. Nach Daten des BMFSFJ beträgt die Lohnlücke zwischen Männern und Frauen auch im Jahr 2022 immer noch 18 Prozent.

» Die Lohnlücke zwischen Männern und Frauen wird auch als Gender-Pay-Gap bezeichnet. Deutschland hat übrigens einen der höchsten Gender-Pay-Gaps in Europa. Um zu veranschaulichen, wie groß die Lohnlücke zwischen Männern und Frauen ist, gibt es jedes Jahr den sogenannten Equal Pay Day. Vergleicht man den Verdienst von Männern und Frauen, würden Frauen im Jahr 2023 rein rechnerisch 66 Tage unbezahlt arbeiten, also erst ab dem 7. März Geld verdienen. Der Equal Pay Day wird auf Grundlage des aktuellen Gender-Pay-Gap jedes Jahr neu errechnet. Mehr Infos unter www.equalpayday.de. «

Der Unterschied lässt sich zum Teil damit erklären, dass Frauen häufiger als Männer in sozialen Berufen arbeiten und diese deutlich schlechter bezahlt werden als zum Beispiel technische Berufe, die zum Großteil von Männern ausgeübt werden. Als Gesellschaft sollten wir überlegen, ob wir uns diese Geringschätzung von Care-Berufen langfristig leisten können und wollen. So verdienen etwa Menschen in Pflegeberufen relativ wenig, üben aber eine sozial wichtige Tätigkeit mit hoher körperlicher und mentaler Belastung aus. Unterm Strich bleibt festzuhalten: In einer patriarchal geprägten Welt wird Care-Arbeit geringer geschätzt als Erwerbsarbeit.

Wenn wir an dem Ungleichgewicht etwas ändern und tatsächlich Gleichberechtigung erreichen wollen, muss nicht nur bei der Care-Arbeit eine ausgewogenere Aufgabenverteilung realisiert, sondern auch in Sachen Karriere Chancengleichheit hergestellt werden. Denn selbst bei gleicher Qualifikation, gleichem Berufsfeld und gleicher Aufgabenbeschreibung verdienen Männer etwa sechs Prozent mehr als Frauen. Es ist also auch in der Gegenwart noch so, dass Frauen auf dem Arbeitsmarkt benachteiligt werden. Ihre Leistung wird geringer geschätzt als die von Männern, für sie ist es schwieriger, in Führungspositionen aufzusteigen, und sie haben generell schlechtere Karrierechancen.

Die patriarchale Rollenverteilung sorgt bis heute dafür, dass viele Frauen finanziell abhängig von ihren Partnern sind. Wer nicht erwerbstätig ist oder überwiegend in Teilzeit arbeitet, hat weniger Rentenanspruch als jemand, der zeit seines Lebens Vollzeit durchzieht. Endet eine Partnerschaft im Laufe des Lebens, schlägt sich diese Abhängigkeit in einem

Rückstand in der Altersvorsorge nieder. Dieser Zusammenhang ist anhand von Daten des Statistischen Bundesamtes nachweisbar: Frauen beziehen etwa 43 Prozent weniger Rente als Männer. Während Männer im Alter über 65 Jahren im Jahr 2019 zu 15,71 Prozent von Altersarmut betroffen waren, war das bei Frauen zu 16,5 Prozent der Fall. Der Trend geht bei den Frauen übrigens weiter Richtung Anstieg – 2008 lag der Wert bei ihnen noch bei 13,6 Prozent.

Unlearn and evolve

So, jetzt einmal durchatmen. Das waren jede Menge Zahlen und Statistiken, die euch als Leser*innen vielleicht schon bekannt waren oder aber komplettes Neuland darstellen. Mir geht es in diesem Kapitel nicht darum, euch in wandelnde Feminismus-Wörterbücher zu verwandeln, damit ihr alle Zahlen und Statistiken runterrasseln könnt. Es geht mir darum, auf einer objektiven Basis klarzumachen, dass echte Gleichberechtigung nach wie vor weit entfernt ist und wir alle uns noch viel mehr mit dem Thema beschäftigen müssen. Ich habe in diesem Kapitel noch eine letzte Statistik für dich. Im Rahmen des European Value Survey wurden EU-Bürger*innen über mehrere Jahre gefragt, ob sie folgender Aussage zustimmen würden: „Es ist die Aufgabe des Mannes, Geld zu verdienen, die Frau ist für Haushalt und Familie zuständig." Autor*innen des Deutschen Instituts für Wirtschaftsforschung (DIW) werteten die Daten 2021 aus und fanden heraus, dass 13,5 Prozent der Bevölkerung in Deutschland zustimmten. Ich finde es krass, dass über zehn Prozent der Bevölkerung einem so verstaubten Satz zustimmen. Zugleich gilt es festzuhalten, dass die überwiegende Mehrheit solch eine patriarchale Kackscheiße nicht mehr als unhinterfragten Standard sieht. Die Frage ist nun: Wie gehen wir damit um, dass es zwar einen Trend für ein neues Bewusstsein gibt, aber die Zahlen (und vielfach auch die täglichen Erfahrungen der Betroffenen) zeigen, dass wir von echter Gleichberechtigung noch weit entfernt sind?

Das ganze Thema hat eine politische Dimension: In der Familienpolitik müssen effektivere Gesetze und Maßnahmen durchgesetzt werden, um Gleichberechtigung und Chancengleichheit zu fördern. Als Individuum kann man nur bedingt auf solche Prozesse Einfluss nehmen. Sicher ist es wichtig, sein Kreuzchen zu machen und an der politischen Debatte teilzuhaben, aber ich möchte mich in diesem Buch eher darauf fokussieren, was man als Einzelne*r tun kann. An dieser Stelle möchte ich bewusst andere Männer und Väter ansprechen. Wie schon erwähnt, bin ich erst im Laufe meiner Vaterschaft tiefer in das Thema Gleichberechtigung eingestiegen und habe erkennen müssen, dass ich längst nicht so aufgeklärt war, wie ich eigentlich dachte.

Ich glaube, ein zentrales Problem beim Thema Gleichberechtigung ist, dass uns die positiven Rollenvorbilder fehlen. Wir dürfen nicht den Fehler begehen und diesen Teufelskreis fortsetzen. Wenn wir unseren Kindern vorleben, dass wir diesen alten Rollenbildern verhaftet sind, wird es auch für sie schwierig, sich davon frei zu machen. Wenn uns die positiven Vorbilder fehlen, haben wir keine andere Wahl, als selbst zu positiven Vorbildern zu werden – oder es zumindest zu versuchen. Doch wie fängt man(n) damit an?

Ich glaube, dass es ein langer Prozess ist, die eigenen Glaubenssätze zu reflektieren und übernommene Verhaltensweisen abzulegen. Dieser Prozess setzt voraus, eine selbstkritische Perspektive einzunehmen. Nehmen wir folgendes Beispiel: Es gibt vermutlich etliche Männer, die in ihrer Kindheit von den weiblichen Figuren in ihrem Umfeld sehr umsorgt wurden. Vielleicht hat Mama früher immer die Wäsche gemacht, und irgendwann ist man aus dem Elternhaus aus- und mit einer Partnerin zusammengezogen, die diese Haushaltsaufgabe dann komplett übernommen hat. Anstatt sich jetzt Rechtfertigungen für diese Situation zu überlegen – „Die Mama und die Freundin machen das ja gern" oder Ähnliches –, bestünde ein erster Schritt zur Selbstreflexion darin, einfach festzustellen: „Wie krass ist das bitte? Ich sitze hier als erwachsener Mann und habe noch nie meine eigene Wäsche gemacht. Das kann doch nicht wahr sein." Das ist vielleicht kein Beispiel, mit dem ihr euch in eurer individuellen Situation identifizieren könnt. Doch so ein Aha-Moment kann die Initialzündung für eine Beschäftigung mit größeren Themen sein – wie etwa die Verteilung von Care-Arbeit und die Gründe für das Ungleichgewicht in diesem Bereich. Nur wenn wir unsere erlernten Muster selbstkritisch hinterfragen und dabei das Privileg reflektieren, das mit dem Mann-Sein einhergeht, können wir sie auch verlernen.

Ein anderer wichtiger Punkt ist, sich offen und mit ehrlichem Interesse zum Thema Gender-Ungerechtigkeit zu informieren – und zwar am besten bei Menschen, die aus einer persönlichen Betroffenheitsperspektive davon erzählen. Also bitte: Konsumiert und verteilt Inhalte von klugen Frauen oder von nicht-heteronormativen Menschen, die über das Thema schreiben oder sprechen. Sehr empfehlen kann ich das am Kapitelanfang erwähnte Buch von Alexandra Zykunov, aus dem ich viele Denkanstöße und Informationen für dieses Kapitel gezogen habe und in dem sie eindrücklich darlegt, wie man mit Phrasen und Bullshit-Sätzen zur Gleichberechtigung umgeht.

Dabei geht es als Mann vor allem darum, aufmerksam zu sein und nicht zu bewerten oder defensiv zu werden. Man muss auch nicht zu allem seinen Senf dazugeben oder seine eigene Interpretation mitteilen. Man kann erst mal nur Informationen oder Erfahrungen aufnehmen, Betroffenheit und Expertise anerkennen, um im nächsten Schritt die eigenen Glaubenssätze und Verhaltensweisen kritisch zu reflektieren. Hat man eine grundlegende Ungerechtigkeit erkannt, muss es aber irgendwann auch darum gehen, Haltung einzunehmen, darüber zu sprechen und sich mit Forderungen von Betroffenen zu solidarisieren. All das sind Ansätze, wie man als Mann zum Ally, also zum Verbündeten, werden kann. Als solcher möchte ich hier auftreten. Ich bin selbst noch im Prozess der Selbstreflexion und habe fast wöchentlich Aha-Erlebnisse, bei denen ich merke, dass ich mich noch viel mehr informieren, anderen zuhören und proaktiv meine Verhaltensweisen umstellen muss. Aber ganz ehrlich: Dieser Prozess ist alternativlos, der ganze patriarchale Müll muss weg. Ich hatte nach der Recherche der Faktenlage zum Thema Gleichberechtigung jedenfalls große Bauchschmerzen – und ich denke, dass es vielen von euch ähnlich gehen wird.

So, jetzt habt ihr es geschafft und einmal die volle Breitseite an neuen Begriffen und Zahlen aufgenommen. Dieser kleine Exkurs gibt uns jetzt eine Wissensbasis, um all diese Probleme anzugehen. Zuerst möchte ich mich mit der Frage beschäftigen, wie eine moderne Interpretation der Vaterrolle aussehen könnte. Anschließend soll es auf praktischer Ebene darum gehen, wie man als Vater verhindern kann, in die Falle der alten Rollenbilder zu tappen, und wie man sein Verhalten anpassen kann.

3

Aktive Väter braucht das Land

Eine neue Rollendefinition

Die pauschale Rollenverteilung des Vaters als Ernährer und der Mutter als der sich kümmernden Hausfrau ist nicht nur sexistisch, sondern auch die Wurzel vieler Probleme, die heute viele junge Väter umtreibt. Wie im letzten Kapitel gezeigt, gibt es oft eine Kluft zwischen einem modernen Anspruch an die eigene Vaterschaft und der in der Realität eingenommenen Rolle. Anders ausgedrückt: Auch wenn sich immer mehr Väter wünschen, die alten Muster zu durchbrechen, gelingt das in der Praxis oft nicht.

Als meine Vaterschaftsreise begann, war ich voller Energie und guter Vorsätze, aber damals wie heute gilt: Auch ich habe die Weisheit nicht mit Baggerschaufeln gefressen, und der Zugang zu meiner eigenen Vaterschaft ist ein Prozess, den ich mein Leben lang weiter vorantreiben werde. Zuerst hatte ich nur ein diffuses, aber starkes Gefühl von „Ich möchte als Vater alles anders machen“. Nach und nach kam dann der Drang hinzu, mich nicht nur von alten Vorstellungen und Realitäten von Vaterschaft abzugrenzen, sondern auch eine positive moderne Rollenvorstellung zu entwickeln. Eines der wichtigsten Konzepte in diesem Zusammenhang ist die aktive Vaterschaft, die euch vielleicht als Buzzword schon mal untergekommen ist. Was verbirgt sich dahinter?

Im letzten Kapitel habe ich schon aus dem *Väterreport* zitiert, in dem aktive Vaterschaft als „Trend einer neuen Generation“ beschrieben wird.

Aktive Väter, so heißt es in dem Papier, „fühlen sich ebenso wie die Mütter für die Erziehung und das Wohl der Kinder verantwortlich“. Sie „sind an einer partnerschaftlichen Aufgabenteilung interessiert“ und „pflegen einen warmherzigen, intensiven Umgang mit ihren Kindern“. All das sind Punkte, die ich so unterschreiben würde, denn hier wird klar: Es geht um ein grundsätzliches modernes Selbstverständnis von Vaterschaft. Die Realität des abwesenden, passiven Ernährers soll durch die eines aktiven Vaters ersetzt werden.

> „Zumindest was die Kinderbetreuung angeht, gibt es tatsächlich Zahlen, die einen Trend zur stärkeren Beteiligung von Vätern nahelegen. Während diese 1993 unter der Woche nur etwa 1,9 Stunden pro Tag mit ihren Kindern verbrachten, lag dieser Wert 2019 bei drei Stunden.“

Andere Punkte der Aufzählung sehe ich allerdings kritisch. So wird beispielsweise angeführt, dass aktive Väter „sich im Vergleich zu anderen Vätern überdurchschnittlich viele Stunden mit ihren Kindern [beschäftigen]“ und „sich stärker als andere Väter an der Kinderbetreuung und -versorgung [beteiligen]“. Es entsteht fast der Eindruck, als würden Väter in einer Art Wettbewerb antreten, um den Titel des „Super-Papas“ zu erstreiten. Aktive Vaterschaft ist meiner Ansicht nach aber keine Competition, sondern ein individueller Prozess, den jeder Vater für sich mit Inhalt füllen muss. Es ist weder realistisch noch praktikabel, von heute auf morgen über Jahrzehnte erlernte Rollenvorstellungen abzulegen, die uns vorgelebt wurden.

Doch von nichts kommt nichts. Der Weg zur aktiven Vaterschaft ist eine laufende Auseinandersetzung mit den eigenen Glaubenssätzen und dem eigenen Verhalten. Für mich geht es vor allem um den Willen, eine neue Haltung einzunehmen, um diesem Vorsatz dann auch Taten folgen zu lassen.

Im *Väterreport* klingt es, als gäbe es eine Art allgemeingültige Checkliste: Wenn du x Stunden Care-Arbeit übernimmst, dann darfst du dir ein T-Shirt mit der Aufschrift „Ich bin ein aktiver Vater“ bestellen. Das wird dem Prozess nicht gerecht. Zahlen und Daten sind wichtig, um eine Situation objektiv beurteilen zu können – deshalb habe ich euch im letzten Kapitel auch so viel davon um die Ohren gehauen. Solche Hard Facts helfen, ein Bewusstsein dafür auszubilden, wie verbreitet alte Rollenvorstellungen immer noch sind und wie wichtig es ist, dass wir als Väter mit einem neuen Selbstverständnis unserer Verantwortung und einer aktiven Anpassung unseres Verhaltens gegensteuern.

Bei aktiver Vaterschaft geht es nicht darum, eine Quote zur Entlastung der Mütter zu erfüllen. Es geht auch nicht darum, der Partnerin mit der vermehrten Übernahme von Care-Arbeit einen Gefallen zu tun oder bei ihr Pluspunkte in einem imaginären Bonusheft zu sammeln. Und es geht vor allem nicht darum, sich als Mann für die Übernahme von Aufgaben loben zu lassen, die Frauen seit Jahrtausenden ohne Anerkennung, geschweige denn Vergütung verrichten. Es geht um die Übernahme von echter Verantwortung.

„Welche Schuhgröße hast du eigentlich, Kind?“

Für viele Männer ist die Sorge, ein abwesender Vater zu sein, eine der größten Motivationen für ein neues Rollenbild. Nach einer Umfrage des Allensbacher Instituts für Demoskopie aus dem Jahr 2021 sind 45 Prozent der Väter der Meinung, dass sie zu wenig Zeit mit ihren Kindern verbringen. Aktive Vaterschaft besteht aber nicht nur darin, dass sich Papa am Wochenende regelmäßig Zeit für ausgedehnte Ausflüge mit den Kids nimmt. Auch die vielen unglamourösen und teilweise nervigen Alltagsaufgaben, die mit Kindern zwangsläufig anfallen, gehören dazu. Bei Tausenden kleinen Detailaufgaben im Alltag wird nämlich klar, wie groß die Lücke nicht nur in der Aufteilung von Care-Arbeit, sondern auch in der gefühlten Verantwortung (dem sogenannten Mental Load) klafft.

Ich war mit meinen beiden Jungs vor einiger Zeit in einem Indoor-Klettergarten. An der Kasse musste man spezielle Stoppersocken für die Kinder erwerben, um die Einrichtung nutzen zu dürfen. In der Schlange hinter mir stand ein Vater mit seinen Kindern. Als die Familie an die Reihe kam, wurde er gefragt, welche Schuhgröße die Kinder denn hätten. Es folgten ratlose Blicke und peinliche Berührtheit aufseiten des Vaters – er konnte diese Frage nicht beantworten. Es geht mir hier nicht darum, diesen Vater wegen seiner Ahnungslosigkeit bloßzustellen. Ich möchte anschaulich machen, dass es Tausende kleine Situationen im Alltag gibt, die oft ganz selbstverständlich der Domäne der Mütter zugeordnet werden.

Lasst mich diesen Gedanken an einem anderen Beispiel vertiefen, das noch einmal verdeutlicht, was mit Mental Load gemeint ist: Angenommen, es steht für den Nachwuchs ein Impftermin an. Wer diesen mit dem Kind wahrnimmt, übernimmt Care-Arbeit. Aber wer hat den Termin zuvor vereinbart? Wer hat den Überblick, wann welche Impfungen anstehen? Wer hat im Hinterkopf, dass das Kind am nächsten Tag eine Schulsportveranstaltung hat und dafür eine Krankschreibung benötigt? Denn die Person, die all das auf dem Schirm hat und organisiert, die trägt den Mental Load.

Der springende Punkt bei aktiver Vaterschaft besteht nicht nur darin, bestimmte Termine zu übernehmen, für die vorher die Mutter zuständig war. Es geht darum, echte Verantwortung für das Leben seiner Kinder zu übernehmen und an ihrem Alltag teilzuhaben. Dabei spielt die alltägliche Organisation von Care-Arbeit und das selbstverständliche Gefühl der Verantwortlichkeit eine große Rolle. Genau diese Last tragen bis heute in Paarbeziehungen vornehmlich Frauen.

> **»Im Internet findet man zahlreiche Mental-Load-Tests, mit deren Hilfe man ein Gefühl für die eigene Belastung bekommen kann und zugleich für das Thema sensibilisiert wird.«**

Wie kann man sich als Vater nun an diese neue Rollenbeschreibung herantasten? Gehen wir noch mal zurück zu dem Beispiel mit der Schuhgröße und spielen die Szene fiktiv weiter. Nennen wir den Papa in der Kletterhallenwarteschlange Herrn Müller. Herrn Müller ist es peinlich, dass er so kalt erwischt wurde. Ihm fällt auf, dass er tatsächlich noch nie mit den Kindern Schuhe kaufen war – das hat bis jetzt immer seine Partnerin übernommen. Er will etwas ändern, und beim nächsten Abendessen verkündet er nach vorheriger Absprache mit seiner Partnerin, dass er am nächsten Tag mit den Kindern in ein Schuhgeschäft gehen möchte. Beim Nachdenken darüber fällt ihm auf, dass er nicht nur bezüglich der Schuhgröße unterinformiert ist. Welche Schuhe finden die Kids eigentlich cool? Welche Modelle stehen schon im Schrank? Ist irgendetwas kaputt und muss ersetzt werden? Welche Schuhe sind gut für die Anatomie des kindlichen Fußes? Um all diese Dinge musste sich Herr Müller vorher nie kümmern und hat es deshalb auch nicht getan. Was an solchen Alltagssituationen dranhängt, merkt er erst, wenn er Aufgaben übernimmt, bei denen er vorher außen vor war.

Auf dem Papier ist eine Verhaltensänderung einfach: Schritt eins besteht darin, als Vater zu erkennen, an welchen Bereichen des täglichen Lebens man wenig teilhat und wie der Mental Load verteilt ist. Schritt zwei beinhaltet eine offene Kommunikation mit der*dem Partner*in darüber. Und in Schritt zwei heißt es: Learning by Doing. In der Praxis ist diese Idee einer Blaupause für aktive Vaterschaft oft nicht ohne Weiteres umsetzbar. Wir alle haben verschiedene Startbedingungen und Familienkonstellationen. Was diese Schritte eher bewirken sollen, ist die grundsätzliche Bereitschaft, als Vater aktiver zu werden. Diese Motivation muss von innen kommen und nicht von außen.

Allerdings kann man sich nicht von heute auf morgen in sämtliche Bereiche des Alltags reinfuchsen, und es ist schwierig, sich in dem dichten Netz von Verantwortungen zu orientieren. Und es ist bitter, die entlarvende Erfahrung der eigenen Ahnungslosigkeit zu machen – auch wenn man in der Partnerschaft vielleicht bestimmte Aufgabenbereiche festgelegt hat. Wer möchte sich als Vater schon gern in der Situation von Herrn Müller an der Klettergartenkasse wiederfinden und erkennen, dass man grundlegende Dinge über seine Kinder nicht weiß? Ich selbst stand schon im Bekleidungsgeschäft, hatte einen wunderschönen Pullover in der Hand, der den Kids sicher gefallen würde. Ich zeigte den Pullover meiner Frau, und sie sagte zu mir: „Schatz, das ist Größe 96 – da passt keines unserer Kinder mehr rein.“ Für mich war das so ein entlarvender Aha-Moment, in dem ich merkte, dass ich bei diesem Teil der Care-Arbeit eine riesengroße Wissenslücke hatte. Nach Absprache mit meiner Frau habe ich daraufhin versucht, aktiv etwas daran zu ändern – indem ich mit ihr und den Kids über ihre Kleiderpräferenzen sprach, mich über deren aktuelle Konfektionsgrößen informierte und inzwischen immer öfter allein mit den Kids shoppen gehe.

Mein Punkt ist folgender: Wenn wir aktive Vaterschaft vom theoretischen Modell in die Praxis überführen wollen, müssen wir uns als Väter in Situationen und Selbstreflexionen begeben, die vielleicht nicht angenehm sind. Wichtig dabei ist, dass wir ein echtes Interesse an der familiären Teilhabe zeigen und nicht nur alibimäßig mal den Staubsauger in die Hand nehmen oder spaßige Sonntagsausflüge planen. Das gelingt vielleicht nicht sofort, aber schon ein Bewusstsein dafür zu entwickeln, bringt uns weiter.

Warum Klischees über den tollpatschigen Mann nicht lustig sind

Auf Instagram, TikTok und Co. gibt es immer wieder Trends, in denen Rollenklischees als Riesengag hingestellt werden. Unter der Überschrift „Wenn der Papa das Baby füttert“ sieht man beispielsweise eine vollkommen chaotische Küche, in der anscheinend eine nukleare Breikernschmelze stattgefunden hat. Bei dem Äquivalent „Wenn die Mama das Baby füttert“ ist dagegen alles blitzblank. Ähnliches gibt es für den Haushalt, für die Organisation von Terminen und für das gesamte Spektrum der Care-Arbeit. Verstärkt wird dieses Spielen mit Stereotypen in einer ganzen Reihe von lustig aufgemachten Videos, in denen ein Mann beispielsweise seine Frau fragt, ob es noch Müsli mit Rosinen gäbe oder wann die Wäsche gewaschen werde.

Nicht erst seit Mario Barth, der Männer als primitive Machos und Frauen als handwerklich unbegabte Verkehrsrisiken charakterisiert und damit ganze Stadien füllt, sind Geschlechterklischees unlustig. „Kennste det? Kennste det???" Nein – das kenne ich nicht und kann daran auch nichts witzig finden.

Es gibt eine gewachsene Tradition von Witzen, die „den Frauen" und „den Männern" bestimmte Eigenschaften zuschreiben. Ich störe mich nicht nur an dieser pauschalen Einordnung, sondern sehe in der Außenwirkung eines solchen Humors zudem ein großes Problem. Er drängt sowohl Männer als auch Frauen in bestimmte Rollenvorstellungen und potenziert Ansichten, die nicht mehr zeitgemäß sind. Das Lachen über Geschlechterklischees steht der neuen Rollendefinition eines aktiven Vaters direkt im Weg. Humor, der mit Geschlechterklischees und Stereotypen spielt, verharmlost diese zugleich.

Warum lachen so viele Menschen über tollpatschige Väter? Warum ist es gesellschaftlich immer noch akzeptiert, sich darüber zu amüsieren, dass Männer Dinge nicht hinkriegen, die klar in ihrer Verantwortung liegen? Wie zum Beispiel sein Kind zu füttern, die Küche aufzuräumen, einzukaufen, die Wäsche zu waschen und so weiter.

Ich glaube, dass diese Art von Humor folgende unbewusste Dynamiken auslösen kann: Viele Männer fühlen sich ertappt. Vielleicht ist es ihnen im ersten Moment sogar unangenehm, mit einem Verhalten konfrontiert zu werden, das sie persönlich nicht länger als richtig erachten. Aber weil alle darüber lachen, kann das ja nicht so schlimm sein. Warum sollte man also am Status quo etwas ändern?

Auf weiblicher Seite könnte ich mir vorstellen, dass viele Frauen den Inhalt der Gags tatsächlich als ernst zu nehmendes Problem in ihrem Familienalltag wahrnehmen. Gesprächspartner*innen berichteten mir, dass für sie damit das Gefühl einhergeht, nicht allein zu sein – nach dem Motto „Zumindest ist es bei anderen auch so wie bei uns, und uns bleibt nichts anderes übrig, als kollektiv darüber zu lachen". Aber ganz ehrlich: Welche Frau hat kein Problem damit, wenn ihr klar wird, dass sie sich neben der Versorgung ihrer Kinder auch noch um das Riesenbaby kümmern muss, mit dem sie eine Beziehung führt?

> **„Das Klischee des tollpatschigen Mannes wird von einigen besonders unwilligen Machos sogar dafür benutzt, sich vor der Übernahme von Aufgaben im Haushalt oder bei der Kinderbetreuung zu drücken. Argumente wie „Ich würde ja waschen, aber ich möchte deine Kleidung nicht beschädigen" nennt man strategische Inkompetenz – eine Manipulationsstrategie, die nicht nur Männer anwenden."**

Nun könnte man als scheinbar rettendes Argument für Geschlechterklischee-Humor anbringen, dass damit doch der Finger in die Wunde gelegt wird: Lustig aufgemachte Videos, die mit Stereotypen spielen, machen auf Missstände aufmerksam und regen zum Nachdenken an. Ich bin da anderer Meinung. Das ernsthafte Nachdenken hört genau da auf, wo das Gelächter einsetzt. Die Verballhornung des Themas der ungleich verteilten Care-Arbeit ist ein Problem, denn hier werden Rollenvorstellungen normalisiert, die viele Menschen ihrem Selbstverständnis nach schon längst überwunden haben. Vielleicht findet ihr diese Art von Humor ohnehin unmöglich, aber hier geht es um mehr als die individuelle Ebene. Es geht auch um den gesellschaftlichen Umgang mit neuen Rollenvorstellungen. Dass dort noch viel im Argen liegt, zeigen nicht nur schlechte Witze, sondern auch Gegebenheiten im öffentlichen Raum.

Schief gewickelt

Vorsichtig klopfe ich an die Tür der Damentoilette. „Ist da jemand?“, frage ich. Keine Antwort. Da stehe ich nun im Toilettengang des Restaurants, meinen Sohn mit vollgemachten Windeln auf dem Arm – und mit diversen Gedanken im Kopf. Was, wenn gerade jemand die Toilette benutzt und ich als Eindringling in diesem eigentlich geschützten Raum angesehen werde? Immerhin bin ich mit meinen 1,90 Meter, meinem Vollbart und den deutlich sichtbaren Tattoos sicher eine überraschende Gestalt auf der Damentoilette. Ich bin genervt, aber die Alternative zu meinem zaghaften Vorstoß wäre, die Windel auf dem dreckigen Boden der Herrentoilette zu wechseln – denn diese war selbstverständlich nicht mit einem Wickeltisch ausgestattet. Ich überlege, wie viele Mütter ihr Kind wohl unter noch beschisseneren Bedingungen gewickelt haben, doch gleichzeitig ist mir klar, dass es hier nicht um Unannehmlichkeiten, sondern um die Manifestation eines grundsätzlichen Problems geht. Das leise Quengeln meines Sohnes holt mich wieder in die Gegenwart zurück. „Ich komm jetzt rein, okay? Nicht erschrecken – ich will nur mein Kind wickeln“, rufe ich und öffne langsam die Tür.

Diese kleine Szene habe ich – wie vermutlich viele andere Väter – in verschiedenen Varianten immer wieder erlebt. Bei mir war es zumindest so, dass meine notgedrungenen Vorstöße auf die Damentoilette dort nie Unverständnis oder eine Abwehrhaltung, sondern höchstens Überraschung hervorriefen.

Das Fehlen von Wickelmöglichkeiten auf Herrentoiletten ist ein anschauliches Beispiel dafür, dass eine ausgeglichene Verteilung von Care-Arbeit heute vielleicht als Ideal im Bewusstsein vieler Menschen existiert, wir aber von der praktischen Umsetzung weit entfernt sind. Standardmäßige Wickeltische auf Damentoiletten sind ein klares Zeichen für die Rollenvorstellung: Sich um die Kinder kümmern ist Sache der Mütter. (Papa kann ja währenddessen im Restaurant die Rechnung mit „seinem" hart verdienten Geld zahlen.) Diese pauschale Einordnung entspricht nicht mehr dem Rollenanspruch, den viele Väter an sich selbst haben. Zusätzlich werden durch praktische Gegebenheiten wie die standardmäßige Platzierung von Wickeltischen auf Damentoiletten sexistische Denkweisen verstetigt und potenziert. Und genau deshalb muss sich daran etwas ändern.

Ich möchte an dieser Stelle ein Plädoyer für mehr Diversität abgeben. Je stärker sich ein neues Bewusstsein in der Realität manifestiert, desto wirkungsvoller wird es. Wenn wir ernsthaft daran interessiert sind, dass alte Rollenvorstellungen durch neue ersetzt werden, müssen wir auch dafür einstehen, dass sich dies im öffentlichen und privaten Raum widerspiegelt. Es geht um das Selbst- und Fremdverständnis der Vaterrolle: Selbstverständlich ist ein Vater genauso für das Wickeln seines Kindes verantwortlich wie eine Mutter. Und selbstverständlich geht auch ein Vater mit seinen Kindern einkaufen, um noch einmal auf das Phänomen des Mutter-Kind-Parkplatzes zurückzukommen. Warum machen wir dieses Verständnis nicht explizit und sichtbar, indem wir proaktiv Wickelmöglichkeiten schaffen, die sich nicht auf die Damentoilette beschränken? Warum machen wir aus den Mutter-Kind-Parkplätzen keine Familienparkplätze? Bei solchen Vorstößen geht es mir nur am Rande um die Beschwerde, als Vater in der Gesellschaft bagatellisiert zu werden. Es geht mir darum, dass wir gesellschaftlich für eine neue Überzeugung einstehen und das in eine sichtbare Haltung umwandeln.

Zusätzlich wären inklusive Wickelkonzepte und das Reframing von Mutter-Kind-Parkplätzen eine offene Einladung an all jene, die sich – bewusst oder unbewusst – noch hinter alten Rollenbildern verstecken. Es wäre die klare Botschaft: Du bist hier explizit mit in der Verantwortung, und wir ermutigen dich, deinen Beitrag zu leisten.

> »Reframing könnte man wörtlich übersetzen mit: Dingen einen neuen Rahmen geben. Es geht also um einen Wechsel der Perspektive, der Gegebenheiten oder Verhaltensweisen in einem neuen Licht erscheinen lässt.«

Ich nehme in den letzten Jahren stark wahr, dass immer mehr Firmen sich Diversität und Inklusion auf die Fahnen schreiben. Sich aktiv gegen Diskriminierung und für Gleichberechtigung einzusetzen, ist ein gesellschaftlicher Trend, den viele Marketingabteilungen erkannt haben. Das ist ein Schritt in die richtige Richtung, aber großen Worten müssen auch große Taten folgen. Das Sichtbarmachen von Missständen und das explizite Werben für eine aktive Vorstellung von Vaterschaft verändert die öffentliche Wahrnehmung. Wir können uns in diesem Punkt nicht auf die Politik oder die Privatwirtschaft verlassen, sondern sollten auch als Einzelpersonen für Wandel eintreten.

Ein schönes Beispiel für eine private Initiative, die in den sozialen Medien viral ging, ist die Aktion des US-Amerikaners Donte Palmer. Palmer veröffentlichte ein Foto auf Instagram, auf dem er beim Wickeln seines Sohnes zu sehen ist, während er an der Wand einer Herrentoilette hockt. Unter dem Hashtag #SquatforChange posteten Väter aus allen Teilen der Welt Fotos von sich in ähnlichen Situationen, um auf den Missstand der fehlenden Wickeltische aufmerksam zu machen. Im Rahmen der Initiative wurde sogar eine Fundraising-Organisation gegründet, die Geldmittel für insgesamt 5000 Wickeltische sammelte, die auf Herrentoiletten in den USA und Kanada aufgestellt wurden.

» In den USA hat der damalige Präsident Barack Obama bereits 2016 ein Gesetz erlassen, das in öffentlichen Bundesgebäuden Wickeltische auf Männertoiletten vorschreibt. In New York gilt das seit 2018 sogar für alle öffentlichen Gebäude. In Deutschland gibt es zwar Petitionen für ein solches „Wickel-Gesetz", aber eine konkrete Umsetzung steht noch nicht in Aussicht. «

Aktionen wie #SquatforChange feiere ich, denn sie machen nicht nur auf ein praktisches Problem aufmerksam, sondern auch ein neues Selbstverständnis sichtbar. Lasst uns echte Übernahme von väterlicher Verantwortung und die gerechte Aufteilung von Care-Arbeit zu einem öffentlichen Thema machen, lasst uns laut werden gegen überholte Klischees, verstaubte Rollenbilder und sexistischen Mist. Denn nur wenn wir als Väter aktiv für eine solche Haltung stehen und einstehen, wird sich an den Gegebenheiten im Alltag etwas ändern. Und es darf nicht bei der Sichtbarmachung bleiben, sondern großen Gesten müssen auch echte Veränderungen im täglichen Verhalten folgen. Männer und Väter spielen dabei für mich eine zentrale Rolle: Wer ein aktiver Vater sein will, muss auch aktiv werden. Diese Erkenntnis scheint auf der Hand zu liegen, doch vor dem Hintergrund aktueller Diskussionen möchte ich sie besonders betonen. Denn innerhalb der Debatte um aktive Vaterschaft gibt es laute Stimmen, die sich mehr auf vermeintliche Hinderungsgründe von außen konzentrieren und weniger auf das, was Väter von sich aus tun können, um ihre Rolle neu auszufüllen.

Eltern zweiter Klasse?

Immer wieder erscheinen Artikel und Beiträge, in denen sich Autor*innen daran versuchen, das Thema aktive Vaterschaft aus einer sehr seltsamen Perspektive aufzugreifen. So zum Beispiel im August 2021, als auf dem Cover des *Spiegel* folgende Überschrift prangte: „Papa kann das schon alleine! Was moderne Väter alles hinkriegen – wenn die Mütter sie lassen". Auf dem Cover ist eine übergroße, gesichtslose Frau illustriert, die süffisant lächelt. In einer Babytrage vor ihrer Brust hängt eine männliche Person mit hochgezogener Augenbraue, die ihre Hand schützend vor den Kopf eines Kleinkinds hält, das ebenfalls in einer Babytrage sitzt. Die Bildsprache in Kombination mit dem Titel macht klar, in welche Kerbe das Magazin schlagen möchte. Im Leitartikel „Worunter moderne Väter leiden" wird das unmissverständlich artikuliert. Es habe sich bei vielen Vätern längst ein modernes Verständnis von Vaterschaft durchgesetzt, doch ihre Bemühungen würden durch die „Macht des Matriarchats in der institutionellen Kinderbetreuung und in den eigenen vier Wänden“ eingeschränkt. Die alles kontrollierende Mutter sei demnach eines der größten Hindernisse für moderne Vaterschaft: „[Väter] kochen, waschen, wickeln – und werden bevormundet und benotet. Mami weiß es eben doch am besten, Papa bleibt ein Elternteil zweiter Klasse.“ Ständig würden Mütter ihren Partnern bei der Kinderbetreuung über die Schulter schauen, würden sich vergewissern, ob denn der Papa auch „alles richtig macht“, wie es im Artikel heißt. Das fehlende Vertrauen, die ständige Kritik und die fehlende Wertschätzung (besonders von weiblicher Seite) mache moderne Vaterschaft quasi unmöglich, heißt es in dem Artikel, der online einer der meistgeklickten Beiträge des Jahres 2021 war.

> **»Für das Phänomen, dass Mütter Väter nicht machen lassen, gibt es einen Fachbegriff: Maternal Gatekeeping, frei übersetzt: mütterliches Türstehen.«**

An dieser Stelle ist es mir ein Bedürfnis, eine klare Ansage zu machen: Es ist nicht die Aufgabe von Müttern, die Räume für aktive Vaterschaft zu öffnen. Der Wille und das Bedürfnis danach müssen von den Vätern kommen und von ihnen aktiv nach außen getragen werden. Ja, aktive Vaterschaft braucht Raum – ich will nicht bestreiten, dass die gesellschaftliche Akzeptanz dieser neuen Rolleninterpretation in vielen Bereichen noch nicht vorhanden ist. Wenn Väter Verantwortung für die Care-Arbeit übernehmen, gibt es oft diesen Effekt der Glorifizierung („Oh, wie toll sich Papa kümmert“) oder der Verballhornung („Kümmert sich der Papa heute ausnahmsweise mal um dich?“). Vielfach wird schlichtweg nicht anerkannt, dass sich Väter wirklich ins Zeug legen. Und sicher spielt der psychologische Effekt des Maternal Gatekeepings in bestimmten Paarkonstellationen eine Rolle und sollte thematisiert und reflektiert werden. All diese Dinge will ich keinesfalls kleinreden. Doch der Hauptgrund, dass Väter keine so aktive Rolle im Familienleben spielen, wie sie sich wünschen würden, liegt nicht darin, dass Mütter sie nicht machen lassen, sondern dass sie nicht machen.

Wenn das neue Rollenverständnis von Vätern aktiv nach außen transportiert wird und sich dadurch an Wahrnehmung und Verhalten etwas ändert, kommen wir hoffentlich an den Punkt, an dem nicht mehr zur Debatte steht, ob man Väter machen lassen müsste, sondern an dem sie ganz selbstverständlich machen. Aber da werden wir nur hinkommen, wenn Väter die Selbstreflexion und das Verlernen von verstaubten Rollenvorstellungen und Verhaltensweisen zu ihrer Priorität machen.

Diese Aspekte spielen auch bei Frauen und Müttern eine Rolle, denn der Weg zur aktiven Vaterschaft ist kein Alleingang der Männer. Es geht schließlich nicht nur darum, die Rolle des Vaters neu zu definieren, sondern auch Vorstellungen von Familie neu zu fassen. Dabei spielen Väter und Mütter in einem Team und nicht gegeneinander (mehr zu den Herausforderungen auf der Paarebene in Kapitel fünf). Ich möchte mich in diesem Buch auf das konzentrieren, was auf Väterseite abläuft, und nicht aus einer männlichen Perspektive etwas von Frauen einfordern oder sie als vermeintliche Gatekeeper anprangern. Nur wenn Väter den Fokus auf das eigene Verhalten legen, kann sich in der Praxis etwas nachhaltig verändern. Zum Beispiel sollten wir uns grundsätzliche Gedanken zur Vereinbarkeit von Familie und Beruf machen – und genau darum geht es im nächsten Kapitel.

4

Der Spagat zwischen Familie und Beruf

Die Vater-Kind-Bindung

Eine meiner größten Ängste war, dass ich als Vater nicht in der gleichen Weise wie die Mutter eine emotionale Bindung zu den gemeinsamen Kindern aufbauen könnte. Ich denke, diese Sorge ist weitverbreitet, wird aber nur selten explizit thematisiert. Einerseits liegt diese Angst in unserer Sozialisation und in Geschlechterstereotypen begründet, die Frauen mehr emotionale Kompetenzen als Männern zusprechen (mehr dazu in Kapitel sieben). Andererseits spielt es eine Rolle, dass Mütter durch die Schwangerschaft und gegebenenfalls das spätere Stillen eine besondere körperliche Beziehung zu den Kindern aufbauen. Doch gibt es tatsächlich geschlechterbedingte Unterschiede in der emotionalen Beziehung zu unserem Nachwuchs? Ist die unterschwellige Angst, als Vater keine so tiefe Bindung zu seinen Kindern aufbauen zu können, gerechtfertigt?

Eine Gruppe von Wissenschaftler*innen vom Gonda Brain Research Center in Israel hat dazu geforscht. Die Forscher*innen maßen bei verschiedenen Versuchsgruppen die Gehirnaktivität des emotionalen Zentrums und stießen tatsächlich auf einen signifikanten Unterschied zwischen Müttern, die sich ausschließlich um die Kinder kümmerten, und Vätern, die Vollzeit arbeiteten und die Kinderbetreuung hauptsächlich ihren Frauen überließen. Interessanterweise wurde das Emotionszentrum bei Vätern aber deutlich aktiver, je mehr Zeit sie mit ihren Kindern verbrachten. Beschäftigten sich die bisher wenig involvierten Väter über eine längere Zeit intensiv mit den Kindern, konnten ähnliche Gehirneffekte nachgewiesen werden, wie sie bei Frauen während der Schwangerschaft zu beobachten sind. Der Neurowissenschaftler Kevin Pelphrey von der Yale University stellt heraus: „Glaubten wir bisher, bestimmte Reaktionen im Hirn seien typisch weiblich, so kann man heute mit Gewissheit sagen, dass elterliche Reaktionen, die für eine feste emotionale Bindung zum Kind verantwortlich sind, unabhängig vom Geschlecht existieren."

Auch wenn ich die Gleichung „emotionale Bindung = Gehirnaktivität in einem bestimmten Bereich" nicht bedingungslos durchgehen lassen würde, weisen diese Ergebnisse zumindest darauf hin, dass es biologisch nicht vorherbestimmt ist, wie eng die Bindung zwischen einem Vater und seinen Kindern ist. Der ausschlaggebende Faktor ist nicht das biologische Geschlecht, sondern die Dauer und die Intensität der gemeinsam verbrachten Zeit. Und was bestimmt in vielen Fällen, wie viel Zeit wir als Eltern mit unseren Kindern verbringen? Genau: die Erwerbsarbeit, der wir in Teil- oder in Vollzeit nachgehen.

Das Familie-Karriere-Dilemma

Wenn man sich die nackten Zahlen zur Erwerbsarbeit anschaut, wundert es nicht, dass viele Väter das Gefühl haben, zu wenig Zeit mit ihren Kindern zu verbringen.

Wie schon in Kapitel zwei erwähnt, ist die Erwerbstätigkeitsquote bei Vätern mit Kindern unter 18 Jahren wesentlich höher als bei Müttern. Auch bei der Beschäftigungsart gibt es große Unterschiede. Nach Daten des Statistischen Bundesamtes waren 2020 66 Prozent der erwerbstätigen Mütter in Teilzeit angestellt. Bei Vätern lag dieser Wert nur bei sieben Prozent. Richtig interessant wird es, wenn man sich die Gründe für die Teilzeittätigkeit anschaut. 41 Prozent der befragten

Mütter gaben an, dass sie die Teilzeittätigkeit aufgrund von familiären oder persönlichen Verpflichtungen ausüben. Darunter fällt nicht nur die Kinderbetreuung, sondern etwa auch die Pflege von Angehörigen. Bei teilzeittätigen Vätern spielte dieses Motiv mit elf Prozent hingegen eine viel kleinere Rolle.

> **Die Teilzeitquote ist bei Müttern mit Kindern unter zwölf Jahren besonders hoch. Deutschland hatte 2020 in diesem Bereich die zweithöchste Quote Europas. Nur die Niederlande verzeichneten mit 82 Prozent einen höheren Wert. Der EU-Durchschnitt lag bei etwa 33 Prozent.**

Für mich verdeutlichen diese Zahlen zwei Sachverhalte: Erstens stecken immer noch vorwiegend Frauen beruflich zurück, wenn Kinder in die Familie kommen. Zweitens entsprechen die Angaben bezüglich der Gründe für Teilzeit mit Verantwortungsaufteilung gemäß traditioneller Rollenvorstellungen. Das Bild des väterlichen Ernährers und der mütterlichen Versorgerin wirkt noch immer und beeinflusst die Verteilung von Care-Arbeit und Erwerbsarbeit innerhalb von Paarbeziehungen. Das Ungleichgewicht in diesem Bereich wird besonders in den ersten Jahren nach der Geburt eines Kindes deutlich. Bei vielen jungen Paaren sind dies genau die Jahre, in denen auch die berufliche Karriere ein großes Thema ist. Für viele Frauen führt die gefühlte Verpflichtung, sich um die Kinder kümmern zu müssen, zur Einschränkung der Erwerbsarbeitszeit. Die oben genannten Zahlen zeigen, dass dies bei jungen Vätern für Karriereentscheidungen häufig keine Rolle spielt.

Dass Väter zurückhaltender sind, ihre Lohnarbeitszeit zu reduzieren, zeigt sich auch daran, dass sie immer noch viel seltener Elternzeit nehmen als Mütter. Die Väterbeteiligung ist zwar seit Einführung des Elterngeldes kontinuierlich gestiegen: Während 2008 etwa 21 Prozent der Väter von dieser Möglichkeit Gebrauch machten, waren es 2018 schon 42 Prozent. Diese Statistik ist allerdings kein Grund zum Feiern, denn im Umkehrschluss bedeutet sie: 58 Prozent der frischgebackenen Papas verzichten komplett auf Elternzeit.

Auch was die Bezugsdauer von Elterngeld angeht, sprechen die Zahlen eine deutliche Sprache. Während diese bei Müttern im Jahr 2018 durchschnittlich 14,5 Monate betrug, kamen Väter lediglich auf 3,7 Monate. Das hängt auch damit zusammen, dass etwa drei Viertel der Väter lediglich den Mindestanspruch von zwei Monaten nutzen, um die sogenannten Partnermonate auszunutzen. Elterngeld ist normalerweise pro Kind für beide Partner*innen auf zusammen zwölf Monate begrenzt. Die Bezugsdauer kann allerdings um zwei Monate verlängert werden, wenn die Care-Arbeit in dieser Zeit zwischen beiden Eltern aufgeteilt wird.

Es stellt sich nun die Frage, warum Väter so zurückhaltend sind, Elternzeit zu nehmen. Und warum entscheiden sich viele Paare trotz progressiver Einstellung dafür, die Elternzeit ungleich aufzuteilen? Einer der Hauptfaktoren für die Beantwortung dieser beiden Fragen ist der schnöde Mammon – es geht schlicht um die Finanzen.

Wirft man einen genaueren Blick auf die momentane Situation, wird deutlich: Wir haben noch immer ein massives strukturelles Problem in der Familienpolitik.

Männer erhalten für die gleiche Arbeitsleistung nicht nur mehr Lohn als Frauen (Stichwort Gender-Pay-Gap), sondern es sind auch deutlich mehr Frauen in Teilzeit tätig. Hinzu kommt, dass Frauen häufiger Berufe ausüben, die vergleichsweise gering vergütet werden. Insgesamt bedeutet das: In vielen Familien ist der Vater immer noch der Hauptverdiener.

» In einer IfD-Umfrage von 2021 führten 51 Prozent der Väter, die komplett auf Elternzeit oder Elterngeld verzichtet haben, als Grund dafür finanzielle Motive an. Weitere 25 Prozent gaben an, dass das Elterngeld nicht ausreichen würde, wenn der Vater diese Leistung in Anspruch nähme. «

Elterngeld ist so geregelt, dass der*die Partner*in mit höherem Einkommen während der Elternzeit 65 Prozent des vorherigen Nettolohns erhält, der*die mit niedrigerem Einkommen bis zu 100 Prozent. Finanziell gesehen ist es also pragmatischer, wenn der*die einkommensstärkere Partner*in (wie bereits erwähnt, ist das oft der Vater) weiter Vollzeit arbeitet und so wenig Elternzeit wie möglich nimmt.

Politisch versucht man in gewisser Weise zu steuern, dass mehr Väter Elternzeit in Anspruch nehmen. Doch wie die Zahlen zu den Partnermonaten (die oft auch „Vätermonate" genannt werden) zeigen, haben die bisherigen Maßnahmen nur einen minimalen Effekt. Zwei Monate Elterngeld für beide Elternteile im Rahmen der Partnermonate scheint für viele Familien finanziell machbar, aber mehr eben oft nicht. Die grundsätzliche finanzielle Ungerechtigkeit zwischen Männern und Frauen sowie aktuelle familienpolitische Gegebenheiten machen es für viele Familien also nicht gerade einfach, Elternzeit gleichmäßiger aufzuteilen.

Es wäre aber falsch, die Gründe für das vergleichsweise geringe berufliche Zurückstecken von Vätern nach der Geburt auf den finanziellen Aspekt zu reduzieren. Laut aktuellen Umfragen halten 17 Prozent der Väter nichts von Elternzeit und Elterngeld und wollen ihre Arbeitszeit auf keinen Fall reduzieren. Auch die Sorge, dass Elternzeit die künftigen Karrierechancen einschränken könnte, spielt offenbar bei vielen Vätern eine Rolle.

Das Familien-Karriere-Dilemma ist aus männlicher Perspektive also nicht nur eine Frage des Geldes, sondern auch eine Frage der Sicht auf die eigene Rolle und der Wertschätzung von Care-Arbeit im Verhältnis zur Lohnarbeit. All diese Dinge wirken zusammen und bedingen, dass viele Mütter das Gefühl haben, sich zwischen Karriere und Familie entscheiden zu müssen. Dieselben Faktoren sorgen zugleich dafür, dass viele Väter das Gefühl haben, nicht genug Zeit mit ihren Kindern verbringen zu können. Wenn wir aktive Vaterschaft anstreben, müssen wir uns also darüber unterhalten, wie man Familie und Karriere unter einen Hut kriegen kann.

> **»Bei Vätern, die Elternzeit nehmen oder Elterngeld beziehen, besteht die hauptsächliche Motivation darin, möglichst viel Zeit mit den Kindern zu verbringen – 65 Prozent gaben das in einer IfD-Umfrage im Jahr 2021 zu Protokoll. 43 Prozent der Väter glauben zudem, dass sie durch die Elternzeit eine besonders enge Bindung zu ihren Kindern aufbauen.«**

Ich möchte zum Abschluss dieses Abschnitts noch auf eine aktuelle familienpolitische Debatte hinweisen, die in vielerlei Hinsicht das Grundproblem des Umgangs mit dem Wunsch nach aktiver Vaterschaft deutlich macht.

Um die frühe Vater-Kind-Bindung und eine partnerschaftliche Aufteilung von Care-Arbeit zu fördern, plant die Politik, auch Vätern direkt nach der Geburt eine berufliche Freistellung zu ermöglichen. Dieser sogenannte Vaterschaftsurlaub soll nach Plänen von Familienministerin Lisa Paus im Jahr 2024 im Mutterschutz-Gesetz verankert werden. Väter hätten dann Anspruch auf eine zweiwöchige Freistellung direkt nach der Geburt. Auf EU-Ebene existiert bereits eine vergleichbare Regelung, in Deutschland fehlt bisher die Umsetzung. Angekündigt war die Umsetzung zwar schon im Koalitionsvertrag der Ampel-Regierung, aber wenn es darum geht, Versprechungen in geltendes Recht umzuwandeln, mahlen die Mühlen der Politik betont langsam. Aus dem Familienministerium hieß es, dass man dieses „wichtige Vorhaben" in der gegenwärtig angespannten wirtschaftlichen Lage auf Eis legen müsse.

Ich finde nicht nur diese Hinhaltetaktik unangebracht, sondern störe mich auch an der Bezeichnung „Vaterschaftsurlaub". Die Idee hinter einer Freistellung für berufstätige Väter ist doch, dass diese sich direkt nach der Geburt um die erschöpfte Partnerin und den frisch auf die Welt gekommenen Nachwuchs kümmern können. Diese Zeit kann man wohl kaum als Entspannungsurlaub verbuchen, sondern als Familienarbeit und wichtige Bindungsphase. Ich saß jedenfalls nach der Geburt unserer Kinder nicht an einem Karibikstrand und habe einen Cocktail nach dem anderen geschlürft.

» Wenn ihr euch mit aktueller Familienpolitik beschäftigen möchtet, kann ich die Online-Community für aktive Väter von Heiner Fischer empfehlen: www.vaterwelten.de oder „Vaterwelten" auf Instagram. Dort findet man Infos über das aktuelle Geschehen, großartige Ressourcen zu aktiver Vaterschaft sowie die Möglichkeit zum Austausch. «

Wie mir Pablo Escobar geholfen hat, ein Seepferdchenpapa zu werden

Wer warum und wie lange in Elternzeit geht, ist eine Frage, die Eltern in einer offenen Kommunikation gemeinsam klären sollten. Manchmal ist eine 50:50-Aufteilung zwischen Vater und Mutter nicht möglich – sei es aus finanziellen oder persönlichen Gründen. Ich möchte euch in diesem Kapitel nicht erklären, wie die perfekte Elternzeitverteilung aussieht, und leider habe ich auch keine schlaue Formel parat, die alle Geldprobleme löst oder die Familienpolitik revolutioniert. Stattdessen möchte ich euch anhand meiner Erfahrungen erzählen, wie sich meine Perspektive auf Elternzeit beziehungsweise generell auf das Verhältnis von Care- zu Lohnarbeit verändert hat.

Als unsere Kinder zur Welt kamen, arbeitete ich jeweils Vollzeit als Erzieher und überlegte mit meiner Frau Sophia, wie wir die Zeit nach der Geburt organisieren. Für Sophia war es wichtig, eine lange Elternzeit zu nehmen. Da mein Einkommen das höhere war, trafen wir gemeinsam die Entscheidung, dass ich mir jeweils am Anfang und am Ende des ersten Lebensjahres ebenfalls einen Monat Elternzeit nahm.

Auch wir waren damals eines dieser Paare, die sich am Ende für ein Minimum an väterlicher Elternzeit entschieden und die Rollen auf dem Papier sehr traditionell verteilten. Das taten wir bewusst und aus guten Gründen, aber im Rückblick muss ich sagen, dass ich mir diese Konstellation heute nicht mehr vorstellen kann.

Ich war schon damals ein Vater, der es anders machen wollte. Ich wollte nicht in diese Nine-to-five-Falle tappen und zum Feierabend- und Wochenendvater mutieren – das passte nicht zu meiner Vorstellung von aktiver Vaterschaft. Aber wenn man am Tisch sitzt und alles durchrechnet, ist es nicht mehr so einfach zu sagen: Ich zieh das jetzt kompromisslos durch und nehme eine lange Elternzeit. Fakt ist: Elternzeit muss man sich leisten können. Gerade beim ersten Kind macht man sich viele Gedanken um die finanzielle Seite der Medaille – das Gefühl einer gesicherten Grundlage muss einfach gegeben sein.

Es gibt kein Väter-Manifest, dass euch sagt, wie die Elternzeit aufgeteilt sein muss, um ein guter Papa zu sein. Das ist Quatsch. Egal ob 50 : 50, 30 : 70, 60 : 40 oder irgendetwas dazwischen: Wichtig ist, dass beide Partner*innen mit der Aufteilung zwischen Familie und Beruf gut leben können und persönliche Bedürfnisse gesehen werden.

Wenn ich heute über die Entscheidung zur kurzen Elternzeit reflektiere, muss ich ehrlich zugeben: Ich war einfach noch nicht so wach. Mir war zwar bewusst, dass ich viel verpassen würde, wenn ich den Großteil des ersten Lebensjahres Vollzeit arbeitete, aber richtig einschätzen konnte ich das damals noch nicht. Mein Fokus richtete sich eher darauf, trotz Vollzeitarbeit ein Papa zu sein, der sich aktiv an der Care-Arbeit beteiligt und eine enge Bindung zu seinem Kind aufbaut. Das war mir ein echtes Anliegen, und ich wollte alles dafür tun, diesem Anspruch gerecht zu werden.

Besonders wichtig war mir von Anfang an, dass auch ich eine körperliche Beziehung mit meinem neugeborenen Sohn aufbaue. In Kapitel eins habe ich bereits erzählt, dass unsere Beleghebamme mich unmittelbar nach der Geburt dazu animierte, den direkten Körperkontakt zu suchen. Dieser Kontakt ist extrem wichtig für die emotionale Beziehung zwischen Kindern und Eltern, zumal Neugeborene die Welt vor allem über den Tastsinn wahrnehmen. Bei liebevollem Körperkontakt wird zum Beispiel auch das Kuschelhormon Oxytocin freigesetzt, das Entspannungs- und Glücksgefühle auslöst.

Ich mochte die Idee, zu einem „Seepferdchenpapa“ zu werden – denn bei den Seepferdchen tragen die Männchen den Nachwuchs aus. Bei den Menschen wachsen die Kids zwar nicht im männlichen Bauch heran, aber gerade in den ersten Lebensjahren gibt es für Väter viele Gelegenheiten, die Kleinen durchs Leben zu tragen. Das meine ich nicht nur symbolisch, sondern auch praktisch.

Berührungen, das Wiegen in den Armen oder das gemeinsame Schlafen haben meine Söhne immer sehr beruhigt. Besonders der sogenannte Fliegergriff, der nach einer Bekanntschaft aus dem Griechenlandurlaub von Sophias Familie bei uns als der Costa-Griff bekannt ist, ist eine tolle Möglichkeit, um Nähe und Körperkontakt zu schaffen. Gleichzeitig bietet er dem Kind eine optimale Liegeposition. Beim Costa-Griff liegt das Baby bäuchlings auf einem Unterarm, während Beine und Arme entspannt runterbaumeln. So wird nicht nur der Kopf stabilisiert, sondern das Baby lernt auch die Bauchlage, die wichtig für die Koordination ist. Gerade für Papas ist dieser Tragegriff ein echter Geheimtipp, denn so kann man die Kleinen entspannt herumtragen, ohne dass sie durch den Stillreflex an der männlichen Brust abgelenkt werden. Außerdem fühlen sich viele Babys im Costa-Griff einfach sichtlich wohl.

In den ersten Lebensjahren unserer Kinder bin ich mit ihnen unzählige Stunden in dieser Position herumgelaufen. Wenn ich abends nach Hause kam und der jeweilige Kleine nicht gerade schlief, habe ich ihn mir meist direkt geschnappt. Einerseits ging es dabei darum, meinen Teil der Care-Arbeit zu leisten – und Sophia regelmäßig Zeit für sich zu ermöglichen. Andererseits habe ich diese gemeinsame Zeit aber auch sehr genossen. Klar, es war oft unfassbar anstrengend, nach einem lauten Arbeitstag in der Nacht kaum Schlaf zu kriegen, weil ein kleiner Mensch versorgt werden musste. Aber mit der Zeit entwickelte ich eine Routine, die für uns alle gut funktionierte.

Ich kann mich noch gut erinnern, dass ich Sophia den Kleinen nach dem Stillen oft abgenommen habe, um ihr ein paar Stunden Ruhe zu ermöglichen. Mit Bluetooth-Kopfhörern ausgestattet, hielt ich auf dem einen Arm meinen Sohn und in der freien Hand ein Tablet, auf dem ich sämtliche Staffeln der Netflix-Serie „Narcos" guckte (eine Kriminal-Dramaserie, die der Biografie von Drogenboss Pablo Escobar in Kolumbien folgt). Ich drehte im Wiegeschritt so viele Runden in unserem Wohnzimmer, dass ich beinahe Spuren ins Parkett lief – denn das half meinem Sohn beim Schlafen.

Diese Anekdote erzähle ich hier, weil das einer meiner persönlichen Wege war, wie ich meine Vaterrolle nach der Geburt aktiv ausfüllen konnte. Das mit dem Seepferdchenpapa hat nicht immer reibungslos geklappt, und auch den Anspruch einer möglichst gerechten Aufteilung der Care-Arbeit konnte ich nicht immer erfüllen. Das echte Leben läuft meist nicht so, wie wir uns das vorstellen, und zwischen guten Vorsätzen und der Realität gibt es eine große Kluft zu überwinden. Erst recht in extremen Stressphasen, zu denen die Zeit nach einer Geburt definitiv zählt. Doch ich habe versucht, das Beste aus der Situation zu machen. Und Sophia und ich haben regelmäßig offen kommuniziert, was gut und was schlecht läuft. In dieser

Phase merkte ich, wie unglaublich wichtig mir diese Familienzeit war – mit ein Grund, warum wir uns später, als beide Kinder größer waren, für eine viel längere Elternzeit mit beiden Elternteilen entschieden haben, von der ich noch ausführlich berichten werde.

Warum ich mir Vollzeiterwerbsarbeit nicht mehr vorstellen kann

Ich gelangte häppchenweise zu der Erkenntnis, dass das Modell der Vollzeitlohnarbeit für mich nicht das Richtige ist und ich die kostbare Zeit mit meiner Familie nicht so stark einschränken will.

Dazu beigetragen hat, dass auf Arbeitgeber*innenseite oft noch verstaubte Rollenvorstellungen vorherrschen. Das musste ich sogar in meinem Job als Erzieher erfahren – ein Bereich, in dem eigentlich eine hohe Sensibilität für das Thema Care-Arbeit zu erwarten wäre. Als eines meiner Kinder mal krank wurde und ich Kinderkrankentage nehmen wollte, hieß es auf einmal: „Kann sich darum nicht deine Frau kümmern?“ Nein, meine Frau konnte und wollte sich diesmal nicht darum kümmern. Denn erstens war meine Frau inzwischen wieder erwerbstätig, und zweitens trage ich als Vater die gleiche Verantwortung für die Sorgearbeit wie sie. Und ich habe den gleichen Anspruch auf Kinderkrankentage.

Als Vater tatsächlich zu sagen: „Ich bin jetzt kindkrank und damit basta“, hat mich einige Überwindung gekostet. Denn der gesellschaftliche Druck, beruflich voranzukommen, war für mich immer präsent. Als ich die Gruppenleitung im Kindergarten übernahm, war klare Voraussetzung, dass ich Vollzeit arbeite – eine Teilzeitlösung mit mehr Zeit für meine Familie stand nicht zur Debatte. Nicht nur in puncto Rollenmodelle fehlen uns die positiven Vorbilder, auch im Bereich der Arbeitszeitgestaltung liegt noch ein langer Weg vor uns. Solange Frauen Angst haben müssen, dass ihnen die Geburt eines Kindes und die anschließende Elternzeit die Karrieretüren zuschlagen, werden wir keine echte Gleichberechtigung erreichen. Gleiches gilt für die Reduzierung von Vätern auf ihre Ernährerrolle. Wir brauchen ein gesellschaftliches Umdenken, das bis in die Privatwirtschaft durchsickert. Um echten Wandel möglich zu machen, müssen familienfreundliche und -sensible Arbeitszeitmodelle etabliert werden. Nur so sind Karriereperspektiven, finanzielle Faktoren und ausreichend Familienzeit miteinander zu vereinbaren.

»Wenn die Kita geschlossen hat oder das Kind mit Fieber im Bett liegt, muss sich ein Elternteil kümmern und gegebenenfalls von der Arbeit freistellen lassen. Nach Statistiken der gesetzlichen Krankenkassen lag der Anteil der Väter, die Kinderkrankentage beantragt haben, im Jahr 2021 nur bei etwa 25 Prozent – der Rest entfiel auf erwerbstätige Mütter.«

Für meine Frau Sophia und mich hat der Balanceakt zwischen Arbeit und Familie mal besser und mal schlechter funktioniert. Gerade in der Coronazeit merkte ich, wie die Arbeitsbelastung immer höher wurde. Durch Personalausfälle (krankheitsbedingt oder als Vorsichtsmaßnahme) nahm unser Betreuungsschlüssel in der Kita absurde Formen an. Wie viele andere hatte auch ich permanent das Gefühl, arbeitstechnisch am Limit zu sein. Aber noch mehr belastete mich, dass ich meine Ansprüche als Papa im Alltag nicht konstant umsetzen konnte. Wenn ich Frühschicht hatte, war ich von 7.00 Uhr morgens bis 16.30 Uhr im Kindergarten. Mir fiel es sehr schwer, eine klare Grenze zwischen Arbeit und Familie zu ziehen. Ich hatte das Gefühl, dass ich den Arbeitsstress, die Erschöpfung und Frustration teilweise mit nach Hause nahm und es dadurch nicht annähernd so harmonisch lief, wie ich mir das gewünscht hätte. Je älter meine Söhne wurden, desto öfter gab es Konflikte – zwischen den beiden, aber auch in der gesamten Familie. Der Zustand brachte uns alle an unsere Grenzen und mitunter auch darüber hinaus. Corona und andere persönliche Faktoren, auf die ich später noch näher eingehe, fungierten dabei sicher als Verstärker, aber ich glaube, dass diese stressige Grundkonstellation von Erwerbsarbeit und Familienzeit ganz vielen Familien zu schaffen macht. Doch wie kommt man raus aus dem Hamsterrad?

Für uns gab es einen großen Einschnitt, als sich unsere ohnehin angespannte Grundsituation noch verschärfte. Eigentlich sollte unser ältester Sohn Elja, damals fast sechs Jahre alt, im Sommer in einer Waldorfschule in unserer Umgebung eingeschult werden. Bei der Schuleingangsuntersuchung entschieden wir uns gemeinsam mit dem Schulkomitee dazu, ihm ein weiteres Jahr Zeit zu geben, damit er sich in Ruhe entwickeln konnte. Anschließend überlegten wir, wie wir mit der Situation umgehen wollten. Unseren Sohn ein weiteres Jahr in den Kindergarten zu schicken, erschien uns nicht sinnvoll – dort würde er nur erneut das Programm durchlaufen, das er schon kannte. Als Familie entschieden wir uns, aus der Not eine Tugend zu machen und einen radikalen Schritt zu wagen: Wir wollten das geschenkte Jahr nutzen, um als Familie noch näher zusammenzuwachsen. Sophia und ich würden unseren Restanspruch ausnutzen und zwölf Monate Elternzeit ohne Elterngeld nehmen, um gemeinsam mit unseren beiden Söhnen – Jota war drei Jahre alt – mit dem Wohnmobil durch ganz Europa zu reisen. Für uns war das die Gelegenheit, noch einmal aus unserem Alltag auszubrechen und für eine gewisse Zeit zu erleben, wie es sich anfühlt, wenn der Spagat zwischen Karriere und Familie wegfällt. Es war klar, dass dies unsere letzte Chance war, solch ein Abenteuer zu wagen – wenn die Kinder erst mal zur Schule gingen, wäre das aufgrund der Regularien des sozialen Umfelds nicht mehr ohne Weiteres möglich. Für mich persönlich bedeutete die Entscheidung für die lange Elternzeit zugleich, dass ich meine leitende Position abgeben musste – der entsprechende Vertrag war befristet. Ich wog lange ab, ob in dieser Lebensphase Karriere oder Familie die höchste Priorität für mich einnehmen sollte – und entschied mich für die Familienzeit.

Dieser Schritt war einerseits unglaublich befreiend für mich, andererseits löste er all die existenziellen Ängste aus, die mit einem Sprung ins Ungewisse verbunden sind. Die Entscheidung für das Abenteuer war auch eine Entscheidung gegen die Sicherheit. Zwar hätte ich die Möglichkeit, nach der Elternzeit weiter als Erzieher zu arbeiten – aber nicht mehr in leitender Position und nur mit reduzierter Stundenzahl. Außerdem stellte die Reise an sich eine finanzielle Belastung dar, die geschultert werden musste. Wir entschieden uns dafür, das Haus, in dem ich aufgewachsen war und in dem wir seit Jahren als Familie wohnten, während unserer Abwesenheit zu vermieten. Um das Wohnmobil zu finanzieren, mussten wir dennoch einen Kredit aufnehmen. Dass sich das alles irgendwie rechnete und realisierbar war, machte mir deutlich, in welch privilegierter Position wir uns befanden. Ich bin unglaublich dankbar, dass unsere Grundvoraussetzungen es uns erlaubten, diesen Schritt mit gutem Gewissen zu gehen.

Wir suchten uns also Zwischenmieter*innen, packten einige wenige Sachen für die Reise zusammen und verstauten den Rest unseres Hab und Guts in einem kleinen Zimmer. Ich ließ mein Mutterhaus zurück, in dem ich jede knarzende Diele kannte und mich blind bewegen konnte. Wir verabschiedeten uns von Freund*innen und Familie, setzten uns in das neu gekaufte Wohnmobil, und dann ging es los.

Dieser radikale Wechsel war für uns alle ein großes Ding. Wie würden wir als Familie klarkommen, wenn wir auf uns selbst gestellt wären und die gewohnten Strukturen nicht zur Verfügung stünden? Die Möglichkeit, die Kinder spontan bei den Großeltern in der Nachbarschaft abzugeben, fiel ebenso weg wie das soziale Netzwerk in unserer Dorfgemeinschaft. Und natürlich würden wir mit dem Wegfall der Erwerbsarbeitszeit plötzlich viel mehr Zeit miteinander verbringen. Für uns war wichtig zu erproben, wie wir als Familie eigentlich funktionierten.

Während ich an diesem Buch arbeite, befinden wir uns mitten in diesem Abenteuer, und ich kann sagen, dass ich unsere Entscheidung in keinem Moment angezweifelt habe. Die Zeit, die wir miteinander verbringen, ist unglaublich intensiv und kostbar – viele Dynamiken unseres Familienlebens wurden uns erst jetzt richtig bewusst. Das heißt nicht, dass es auf unserer Reise bislang nur Sonnenschein und gute Laune gab. Ich denke, jede Familie, die eine so konzentrierte Zeit zusammen verbringt, wird rasch mit herausfordernden Situationen konfrontiert. Wenn vier Personen 24 Stunden am Tag aufeinanderhängen, ergeben sich zwangsläufig Spannungen. Für uns war und ist es deshalb eine wichtige Aufgabe, immer wieder Frei- und Rückzugsräume für uns Eltern und für die Kinder zu schaffen.

Mit der vorübergehenden Aufgabe meiner Karriere ist mir allmählich bewusst geworden, dass eine Vollzeitstelle nicht mit meiner Vorstellung von aktiver Vaterschaft zusammenpasst. Erst seit ich diese intensive Zeit mit meiner Familie erleben kann, ist mir klar, wie viel ich verpasst habe, wenn ich acht Stunden oder mehr pro Tag mit Erwerbsarbeit beschäftigt war. Für mich steht fest: So, wie es vorher war, darf es nicht weitergehen. Denn auf dieser Reise bauen wir uns als Familie nach und nach einen immer engeren Zusammenhalt auf. Ich will nicht ausschließen, dass ich irgendwann wieder Vollzeit arbeiten werde, aber für die nächste Zeit liegt meine Priorität klar bei meiner Familie.

Call of Duty

Für mich führte die Auseinandersetzung mit dem Spagat zwischen Karriere und Familie auch zu einer Reflexion der Muster, in denen wir durch die Strukturen unserer Gesellschaft festhängen. Dazu gehört unbedingt, die Wertschätzung von Lohnarbeit im Vergleich zu Familien- beziehungsweise Care-Arbeit kritisch zu hinterfragen. Beruflicher Erfolg in der Lohnarbeit wird im Allgemeinen als erstrebenswerte Leistung wahrgenommen, wohingegen Familienarbeit als Selbstverständlichkeit gilt – als Pflichtaufgabe, die häufig immer noch standardmäßig die Mütter übernehmen. Das alte Rollenbild des väterlichen Ernährers hat noch viel Einfluss, das machen die Zahlen zur Teilzeitarbeit und zur Inanspruchnahme von Elternzeit mehr als deutlich.

Ich übte meinen Beruf gern und aus Überzeugung aus. Gleichzeitig verstärkte sich aber der Eindruck, dass es eine Schieflage in meinem Leben gab. Ich war gefangen in einem Kreislauf aus beruflicher und privater Überforderung. Nach einem Vollzeitarbeitstag kam ich oft erschöpft nach Hause und hatte dann das Gefühl, meinem Anspruch an die eigene Vaterschaft nicht mehr gerecht werden zu können. Dieses ständige Scheitern an der selbst gesetzten Verantwortung zermürbte mich. Egal, wie sehr ich mir einredete, dass ich eigentlich perfekte Voraussetzungen hätte, um glücklich zu sein, wurde immer deutlicher, dass ich nicht glücklich war. Nach und nach wurde klar: Mir geht es nicht gut. Es gab da eine negative Stimme in meinem Kopf, die immer lauter auf mich einschrie. Schließlich entwickelte ich Stresssymptome, die es schwierig machten, im Alltag noch zu funktionieren. Mein Hausarzt musste mich mehrmals krankschreiben und mir Medikamente verordnen, weil ich körperlich und mental am Ende war. Als sich die Situation nicht verbesserte, ließ ich mich an einen Psychotherapeuten überweisen. Unterm Strich gab es schließlich die Diagnose „mittelschwere depressive Episode" und zwei Optionen: Entweder ich ginge sofort in eine Tagesklinik und begänne mit einer Therapie oder wir zögen unser Abenteuerjahr wie geplant durch und ich ließe mich für einen Therapieplatz auf die Warteliste setzen. Nach langem Überlegen entschied ich mich für Option zwei. Auch wenn meine Depression nicht nur auf einen stressigen Arbeitsalltag zurückzuführen ist, bescheinigte mir der Psychotherapeut doch, dass diese Belastung wesentlich dazu beigetragen habe und eine Entschleunigung sich in jedem Fall positiv auswirken würde. Für mich war die Diagnose beinahe befreiend, denn so konnte ich nicht länger überspielen, dass ein großes Problem im Raum stand. Wenn man sich wie ich in einer privilegierten Situation befindet – gesunde Familie, gesichertes Einkommen, stabile Partnerschaft –, fällt es mitunter schwer, sich einzugestehen, dass eben nicht „alles okay" ist. Ich glaube, dies ist erst recht für Männer ein Problem, die noch mit der Vorstellung des Mannes als unverrückbarer, emotionsloser Fels in der Brandung aufgewachsen sind. (Auf das Thema Männlichkeit werde ich in Kapitel sieben noch ausführlich zu sprechen kommen.)

Unsere Reise war und ist für mich die Gelegenheit, mich näher kennenzulernen und zu reflektieren, wie ich mir mein Leben vorstelle – herauszufinden, was mir guttut und was nicht. Ich habe für mich festgestellt: Mir tut es gut, möglichst viel Zeit mit meiner Familie zu verbringen. Alles andere muss sich in Zukunft an dieser Priorität ausrichten. Ich kann und will mir nicht länger von einem gesellschaftlichen Druck diktieren lassen, wie ich mein Leben lebe.

Meine Geschichte ist nicht zwangsläufig auch eure Geschichte. Mir war wichtig, davon zu erzählen, denn vielleicht erkennt sich der eine oder die andere in bestimmten Grundstimmungen oder Gedanken wieder. Für mich war eine Frage zentral: Was ist meine Pflicht als Vater? Besteht sie darin, meiner Familie eine sichere finanzielle Existenz zu bieten? Oder besteht sie darin, möglichst viel Zeit mit meinen Liebsten zu verbringen und für sie da zu sein? Ich denke, für jeden

Vater (und generell jeden Elternteil) spielen beide Fragen eine Rolle. Der eigentliche Knackpunkt ist die Vereinbarkeit. Wie man seine Ressourcen für Karriere und Familienzeit einteilt, ist eine Frage der individuellen Prioritäten und der Absprache innerhalb der Partnerschaft. Ich möchte euch ermutigen, tiefer in euch hineinzuschauen und zu reflektieren, ob eure derzeitigen Prioritäten zu euren Ansprüchen als Väter beziehungsweise Eltern passen. Gibt es Anzeichen für eine Schieflage, lohnt es sich, dem nachzugehen. Natürlich wird es nicht in jeder Situation machbar sein, eine lange Elternzeit zu nehmen oder in Teilzeit zu gehen, aber schon das Nachdenken und kritische Hinterfragen des Alltagstrotts kann vieles in Bewegung setzen. Ich glaube, dass Väter und generell Männer, denen positive Rollenvorbilder fehlen, in besonderem Maße davon profitieren können.

Die Schriftstellerin und Literaturnobelpreisträgerin Annie Ernaux hat den klugen Satz geschrieben: „Wenn sich die Männer ihrer Art zu leben nicht bewusst werden, wird die Befreiung der Frau nie stattfinden." Bezogen auf das Thema der aktiven Vaterschaft könnte man sagen: „Wenn sich die Väter ihrer Art zu leben nicht bewusst werden, wird aktive Vaterschaft nur ein gut gemeinter Vorsatz bleiben."

Nach diesen Gedanken über Familie und Beruf wenden wir uns im nächsten Kapitel dem Thema Partnerschaft zu. Denn wenn Kinder ins Leben kommen, ändert sich die Dynamik vieler Paare grundlegend.

5

Eltern werden und Paar bleiben

Eine neue Verantwortung

Mit der Geburt des ersten Kindes wird alles anders. Dieser kleine Mensch (oder sogar mehrere) tritt in unser Leben, und auf einmal sind wir mit einer Verantwortung konfrontiert, die mit nichts zuvor vergleichbar ist. War man vor der Geburt in erster Linie für sich selbst und vielleicht noch auf andere Weise für den*die Partner*in, Angehörige oder ein Haustier verantwortlich, steht dieses neue Geschöpf nun zu hundert Prozent im Fokus und fordert einen Großteil der Aufmerksamkeit ein. Wirklich vorbereitet ist darauf niemand – die Theorie hat mit den realen Anforderungen meist wenig zu tun. Frischgebackenen Eltern fehlen die Erfahrungen, und einigen fehlt zusätzlich, wie in meinem Fall, die positive Blaupause, wie man mit dieser neuen Verantwortung umgehen soll. Mit diesen Veränderungen muss man mental erst mal klarkommen, denn die Geburt des Kindes strahlt in alle Lebensbereiche aus.

Wenn ein Paar Eltern wird, ändert sich auch die Dynamik innerhalb der Beziehung. Wo früher Zeit für Zweisamkeit und Intimität war, steht nun oft der Nachwuchs an erster Stelle. Gleichzeitig werden die individuellen Rückzugsräume immer geringer – sowohl räumlich als auch zeitlich. Denn die neue Verantwortung nimmt keine Rücksicht darauf, dass der Tag nach wie vor nur 24 Stunden hat. Wie wir schon festgestellt haben, ist zum Beispiel der Balanceakt zwischen Karriere und Familie ein Stressfaktor, der Beziehungen belasten kann – besonders, wenn ein Elternteil (meist die Mutter) mehr oder weniger unfreiwillig zurückstecken muss. Auch im Bereich der Freizeitgestaltung wird es für Eltern nicht einfacher. Spontane

Verabredungen sind nicht ohne Weiteres möglich. Egal ob ein Besuch im Kino, ein schickes Essen oder eine Verabredung mit Freund*innen zum Sport – alles muss organisiert und abgestimmt werden.

Eine deutsche Langzeitstudie aus dem Jahr 2002, die im Auftrag der LBS mit jungen Paaren durchgeführt wurde, beschäftigte sich ganz spezifisch mit den Veränderungen von Partnerschaftlichkeit nach der Geburt des ersten Kindes. Diese Studie ist zwar schon 20 Jahre alt, doch wie die bereits angeführten aktuellen Statistiken zeigen, haben die Ergebnisse (siehe Infokasten) leider vielfach auch heute ihre Gültigkeit: Mütter sind von den Veränderungen oft in einem größeren Maße betroffen als Väter, weil die noch immer wirksame traditionelle Rollenverteilung Frauen die Hauptverantwortung für den Nachwuchs zuschiebt. Viele der jungen Paare gaben in der Studie an, dass sie es besonders belastend fänden, nie eine Auszeit von der Verantwortung zu haben. Einfach mal abschalten fällt schwer, wenn im Nebenzimmer das Kind schreit – auch wenn der*die Partner*in sich kümmert.

» Die LBS-Langzeitstudie ergab, dass die durchschnittliche wöchentliche Belastung durch Care-Arbeit für die befragten Mütter nach der Geburt um etwa 21 Stunden anstieg. Bei den Vätern betrug dieser Wert lediglich sechs Stunden. «

Die in der Studie begleiteten Paare gaben zudem mehrheitlich an, dass die Beziehungsqualität nach der Geburt des ersten Kindes schlechter wurde. Es gab häufiger und heftiger Streit, Zärtlichkeit und Intimität nahmen ab. Für viele der Beziehungen wurde die Geburt des Kindes zur Bewährungsprobe, nicht selten führte sie zur Krise oder sogar zur Trennung. Die Scheidungsquote in Deutschland betrug nach Daten des Statistischen Bundesamtes 2021 fast 40 Prozent – und tatsächlich schlägt die Kurve in den ersten Jahren nach der Geburt eines gemeinsamen Kindes besonders hoch aus.

Egal, wie groß der Kinderwunsch eines Paares war oder ist – liegt der Nachwuchs erst einmal in der Wiege, verändert er das Leben grundsätzlich. Dabei liegt kein Widerspruch darin, sein Kind über alles zu lieben und einige Facetten der Elternrolle dennoch als sehr belastend zu erleben. Über solche Gedanken zu sprechen, war jedoch lange ein großes Tabu und ist gesamtgesellschaftlich auch heute noch ein schwieriges Thema.

In Deutschland schlug 2015 das Buch *Regretting Motherhood – Wenn Mütter bereuen* der israelischen Soziologin Orna Donath große Wellen. Donath hatte zuvor eine Studie durchgeführt, die sich mit Menschen beschäftigte, die keine Kinder haben wollten. Sie alle berichteten, dass sie von ihrem Umfeld immer wieder einen Satz gehört hätten: „Du wirst es irgendwann bereuen, keine Kinder bekommen zu haben." Nun wollte Donath im Umkehrschluss wissen, ob es Menschen gab, die bedauerten, Eltern geworden zu sein. In ihrem Buch ließ sie 23 Frauen mit unterschiedlichen Hintergründen zu Wort kommen. Alle gaben an, ihre Kinder zu lieben, aber ihre Mutterschaft dennoch zu bereuen. Als häufigsten Grund nannten die Frauen, dass sie sich in ihrer Mutterrolle gefangen fühlten. Aber auch konkrete Veränderungen wie die Aufgabe der Unabhängigkeit oder berufliche Nachteile spielten eine Rolle. All das sind laut der Autorin Phänomene, die viele Mütter umtreiben. Doch die von ihr befragten Frauen empfanden die Nachteile der Mutterschaft als so groß, dass sie die Vorteile nicht aufwogen. Diese Wahrnehmung auszusprechen, bricht mit einer gesellschaftlichen Vorstellung von Müttern. „Frauen, die ihre Mutterschaft bereuen, gelten nicht nur als schlechte Mütter – sie gelten auch als schlechte Frauen. Sie werden oft als nicht feminin und kaltherzig wahrgenommen“, sagt Donath. Die hitzige Debatte um *Regretting Motherhood* zeigt einmal mehr, wie unsere Vorstellung von Elternschaft immer noch von geschlechterspezifischen Rollenerwartungen geprägt ist und wie sehr wir von dem Idealbild des perfekten, konfliktlosen und harmonischen Familienlebens beeinflusst sind. Über negative Gefühle bezüglich Mutter- und Vaterschaft zu reden, ist jedoch notwendig, denn nur so können wir Probleme identifizieren und ihnen auf den Grund gehen. Schwierigkeiten mit der neuen Lebenssituation nach der Geburt müssen keineswegs zur Ablehnung der Elternschaft an sich führen. Doch wie die Autor*innen der LBS-Studie angeben, ist von jungen Eltern sehr häufig ein Satz wie der folgende zu hören: „Ich würde mein Kind nie wieder hergeben, aber so habe ich mir das Leben als Mutter [beziehungsweise als Vater] nicht vorgestellt!“

Die Sache mit der Erwartungshaltung

Gerade in den ersten Lebensjahren fordern Kinder – einige mehr, andere weniger – einem Paar viel ab. Die gewohnten Routinen werden über den Haufen geworfen und nichts funktioniert mehr so, wie man es gewohnt ist. Ich fragte mich nach der Geburt unseres ersten Kindes oft, warum am Ende meiner Energie noch so viel Tag übrig war, und meiner Partnerin Sophia ging es genauso. Das Resultat solcher tiefgreifenden Veränderungen des Alltags ist häufig ein Gefühl permanenter

Erschöpfung, Angespanntheit und Reizbarkeit – alles negative Grundstimmungen, die auch das Zusammenleben in der Beziehung schwieriger machen.

Warum kommt es zu diesen Spannungen? Ich glaube, dass ein grundsätzliches Problem in den großen Erwartungen besteht, die wir als Einzelpersonen, aber auch gesamtgesellschaftlich an Elternschaft stellen. Viele Menschen erwarten, dass die Geburt eines Kindes das größte Glück überhaupt bedeuten muss. Gibt man die Schwangerschaft bekannt, wird man meist überschüttet mit Gratulationen und Komplimenten: „Du strahlst richtig, man merkt gleich, dass du Mama wirst", „Papa sieht jetzt schon ganz stolz und glücklich aus" und so weiter. Zusätzlich werden wir in der Werbung und auf den sozialen Medien mit Bildern konfrontiert, die die Illusion der perfekten harmonischen Familie gnadenlos in unser Bewusstsein hämmert. (Das Thema der Romantisierung des Familienlebens werden wir in Kapitel sechs noch genauer unter die Lupe nehmen.)

All diese Faktoren führen dazu, dass wir mit einer völlig verklärten und unerfüllbaren Erwartungshaltung in das Abenteuer Elternschaft starten. Gleichzeitig wollen wir aber gewohnte Routinen beibehalten – wir sind Gewohnheitstiere und haben die unbewusste Erwartung, dass wir nach der Geburt wichtige Aspekte unseres Lebens so weiterführen können wie bisher. Die Ernüchterung setzt ein, wenn das Kind da ist und man merkt, dass die kunterbunte Scheinwelt von Instagram und Co. alle stressigen, erschöpfenden und frustrierenden Teile der Elternschaft ausgespart hat. Und wenn man allmählich begreift, wie tiefgreifend die Geburt eines Kindes sämtliche Lebensbereiche der Eltern verändert. Damit will ich nicht sagen, dass Kinder nicht ein riesiges Glück sind oder sein können. Doch sie stellen ganz neue Herausforderungen an uns als Einzelpersonen und an eine Partnerschaft.

> » Auch die LBS-Langzeitstudie kommt zu dem Ergebnis, dass Paare mit Kindern nicht unbedingt unglücklich, aber im Vergleich zu kinderlosen Paaren zumindest weniger glücklich sind. Die Forscher*innen führen das hauptsächlich auf Probleme mit der Anpassung an die neue Familiensituation zurück. «

Zu der gesamtgesellschaftlichen Erwartungshaltung kommt unsere persönliche hinzu. Viele frischgebackene Mütter und Väter stellen sich der neuen Aufgabe mit all ihrer Energie und voller Motivation, doch es erfordert Zeit und Mühe, sich in die bisher unbekannte Rolle hineinzufinden. Und dass für wichtige Aspekte einer Zweierbeziehung nach der Geburt nicht mehr so viel Raum ist wie vorher, kann eine schmerzhafte Erfahrung sein.

Nehmen wir das Beispiel Nähe, Intimität und Sex – Themen, die in vielen Paarbeziehungen eine große Rolle spielen. Mit der Schwangerschaft und der Geburt durchläuft der Körper der Mutter eine Reihe von Veränderungen, die es nicht nur körperlich, sondern auch mental schwierig machen können, sich auf Intimität zu zweit einzulassen. Gleichzeitig fordert das Kind sehr viel Nähe und körperliche Zuwendung – wenn es gestillt wird, in besonderem Maße von den Müttern. Frauen, mit denen ich sprach, berichteten von dem Gefühl, „overtouched“ zu sein und keine Kapazität mehr für Intimität mit dem Partner zu haben.

Für frischgebackene Väter kann das aus mehreren Gründen eine herausfordernde Situation sein. Wir haben bereits im letzten Kapitel angeschnitten, dass sich viele Väter durch die besondere Mutter-Kind-Beziehung eingeschüchtert fühlen – erst recht, wenn sie den Eindruck haben, nicht in der gleichen Weise eine Bindung zu dem Kind aufbauen zu können. Erhalten sie nun auch weniger Aufmerksamkeit von der Partnerin als gewohnt, kann das bei einigen Männern zu einem Gefühl des Ausgeschlossenseins und einer Art Eifersucht auf das neugeborene Kind führen. An dieser Stelle ist es Zeit für einen Felix-Realtalk: Liebe Väter, euer Bedürfnis nach Sex und Nähe in einer Beziehung ist nachvollziehbar und gerechtfertigt. Trotzdem haben nur unsensible Arschlöcher die Erwartung an ihre Partnerin, dass es im Bett wieder heiß hergeht, sobald das nach der Geburt medizinisch wieder möglich ist. Auch das vorherige Kuschelpensum zu erreichen, kann eine Erwartung sein, die in manchen Phasen einfach nicht erfüllbar ist. Seid geduldig und geht auf eure Partnerin ein – denn das lohnt sich!

Es ist sowohl für Mütter als auch für Väter schwierig, in eine intime oder gar lustvolle Stimmung zu kommen, wenn das Kind ständig schreit, die Wohnung dringend aufgeräumt werden muss und man seit Wochen keine Zeit mehr für sich selbst hatte. Ich möchte an dieser Stelle deutlich sagen: Es ist okay, wenn wir als (frischgebackene) Eltern erschöpft sind und das Gefühl haben, an unsere Grenzen zu kommen. Und es ist auch okay, dass Dinge nach der Geburt nicht mehr so funktionieren, wie sie das vorher getan haben. Wenn Paare Eltern werden, ändert sich alles – entscheidend ist, wie sie mit dieser Veränderung umgehen. Eine gute Partnerschaft zu führen bedeutet nicht, dass es nie Auseinandersetzungen gibt und man sich immer einig ist, sondern dass man auch in schwierigen Zeiten füreinander da ist und einfühlsam versucht, die Perspektive seines Gegenübers einzunehmen.

> „Eine kanadische Studie aus dem Jahr 2020 zeigt, dass eine gute Paarbeziehung sich positiv auf die Zeit unmittelbar nach der Geburt auswirkt: Mütter, die mit ihrer Beziehung zufrieden sind, erleben demnach weniger Stress, fühlen sich gesünder und haben ein geringeres Risiko für die Ausbildung einer postpartalen Depression."

Dazu gehört – besonders als Vater –, sich mit dem Thema der gefühlten Verantwortung auseinanderzusetzen. Wie wir schon festgestellt haben, kommt es sogar bei progressiven Paaren mit der Geburt von Kindern oft zu einem Rückfall in traditionelle Rollenmuster, die Müttern den Hauptteil der Care-Arbeit zuschreiben. Das Stichwort Mental Load wurde bereits mehrfach in diesem Buch aufgegriffen, und ich habe deutlich gemacht, warum das Verstehen dieses Konzepts zentral ist für Männer, die eine aktive Vaterrolle anstreben. Im nächsten Abschnitt möchte ich eine Anekdote aus meinem persönlichen Erfahrungsschatz erzählen, die das Thema partnerschaftliche Arbeitsteilung noch einmal an einem konkreten Beispiel aufgreift.

Schatz, bereit zum Entern?

Herdecke, ein kleiner Ort irgendwo im Ruhrgebiet. Im dämmrigen Zwielicht des beginnenden Tages stapft ein großer, breitschultriger, vollbärtiger Mann voller Tattoos durch den

Wald – auf der einen Schulter eine Holzkiste, die durch eine alte Wolldecke verhüllt ist, unter dem Arm einen Klappspaten. Irgendwo zwischen Waldstück und Ruhrwiese beginnt er zu graben und hievt die Kiste schließlich in das entstandene Loch, bevor er mit zufriedenem Lächeln Schaufeln voller Erde auf das Versteck wirft.

Wer mich an diesem Morgen beobachtet hat, hätte vielleicht denken können, dass ich hier gerade die Schwiegermutter vergraben hatte. Tatsächlich versteckte ich einen Piratenschatz, denn die Kiste war gefüllt mit Schoko-Goldtalern und Spielzeugdiamanten. Diese Belohnung stand am Ende einer Schatzsuche, die sich meine Frau Sophia für den Kindergeburtstag unseres Sohnes Elja ausgedacht hatte und die ich nun praktisch vorbereitete. In einer Art Schnitzeljagd würden die Kinder an verschiedenen Stationen rund um unser Haus Stücke einer Schatzkarte erbeuten, die sie dann zu der Stelle am Waldrand führte, an der ich den Schatz vergraben hatte. Die ganze Aktion wurde ein voller Erfolg – die Kinder hatten einen Riesenspaß und rasteten komplett aus, als nach langem Graben tatsächlich ein Stück der Decke sichtbar wurde.

So ein Kindergeburtstag ist eine wunderbare Angelegenheit, aber jede*r, die*der so etwas schon mal geplant hat, weiß auch, dass vieles organisiert werden muss. Unter welchem Thema soll der Geburtstag stehen? Wie viele Gäste kommen? Wer soll alles eingeladen werden und wie sollen die Einladungen aussehen? Was brauchen wir für Utensilien? Was gibt es zu essen? Wie beschäftigen wir die Kinder? Diese und viele andere Fragen müssen beantwortet werden, anschließend geht es an die Umsetzung. Sich um all diese Sachen zu kümmern und alles im Blick zu haben, stellt einen Mental Load dar, der schon zuvor mit dem Bewusstsein beginnt: Bald steht ein Geburtstag an, und wenn wir ein schönes Fest feiern wollen, muss einiges organisiert werden. Im Fall unseres Piratengeburtstags hatten Sophia und ich uns im Vorfeld gemeinsam Gedanken über all diese Dinge gemacht, haben viel darüber gesprochen, was zu tun ist, und anschließend konkrete Aufgaben zwischen uns aufgeteilt. Das war eine Menge Arbeit, die viele zeitliche Ressourcen gekostet hat, aber es hat sich gelohnt, denn die Party war rundum gelungen. Mir war es wichtig, einen aktiven Part bei all dem zu spielen. Ich wollte nicht einer dieser Väter sein, die am Tag vor dem Geburtstag fragen, ob eigentlich noch irgendetwas zu besorgen sei. Aktive Vaterschaft heißt in diesem Kontext eben nicht nur, einkaufen zu fahren und noch eine Kiste Bier und ein paar Steaks für die anderen Papas zu besorgen, während die Frau sich um die tausend Kleinigkeiten kümmert, die an diesem Tag bedacht werden müssen. So etwas kann zu einer echten Beziehungskrise führen, wenn die Partnerin sich nämlich zu Recht fragt: Habe ich jetzt wirklich noch den richtigen Mann an meiner Seite oder einen Macho, der mich mit all den Aufgaben rund um unser Kind allein lässt? Damit eine Partnerschaft auch mit Kind gut funktionieren kann, ist eine regelmäßige, offene und ehrliche Kommunikation das A und O – und genau darum geht es auf den folgenden Seiten.

Wir müssen reden

Ich bin meiner Partnerin Sophia unglaublich dankbar, dass wir regelmäßig sehr tiefe Gespräche führen können, in denen wir Themen, die uns auf dem Herzen liegen, mal offen und ehrlich ansprechen. Für uns war immer klar: Wenn wir aufhören, miteinander zu reden, dann geht auch unsere Beziehung den Bach runter.

Der Ratschlag, mehr und besser miteinander zu reden, klingt sehr simpel und allgemein. Doch die Umsetzung ist alles andere als einfach. Viele Paare spielen in ihrer Kommunikation Spielchen oder fahren Ausweichmanöver. Eine Frage wie „Ist was, Schatz? Du bist so komisch in letzter Zeit“, am besten noch abends beim Fernsehen gestellt, wird in vielen Fällen mit einem trockenen „Nein, nein, alles okay“ beantwortet werden, denn weder die Situation noch die Frage lädt dazu ein, über tiefere Probleme ins Gespräch zu kommen.

Ein anderes Phänomen besteht darin, dass wir uns über alltägliche Dinge in die Haare kriegen, ohne zu thematisieren, warum wir wirklich so gereizt sind. Es ist einfacher, sich darüber zu streiten, wer öfter die Wohnung saugt oder das Bad putzt, als grundsätzliche Probleme wie eine gefühlte Verantwortung oder eine Überforderung aufgrund der veränderten Rolle in der Beziehung anzusprechen. Auch andere unterschwellige Probleme wie Sorgen bezüglich fehlender Zweisamkeit oder eines veränderten Sexuallebens können nicht nebenbei kommuniziert werden. Statt solche tiefen Themen anzusprechen, weichen wir oft auf Stellvertreterkonflikte aus.

Wenn wir unsere Gefühle anderen Menschen gegenüber verbalisieren wollen, müssen wir zuerst für uns selbst klären, was wir gerade fühlen. Ein guter Anfang für eine wertschätzende und zielführende Kommunikation ist der Vorsatz, keine unkonkreten Fragen wie im oben genannten Beispiel zu stellen und erst recht keinen Vorwurf wie „Du bist so komisch in letzter Zeit“ hinterherzuschieben. Besser ist es, offene Fragen zu formulieren, die ehrliches Interesse bekunden – beispielsweise „Wie geht es dir?“ oder „Wie sieht dein Alltag aus, wenn ich nicht da bin?“. Das gibt der anderen Person die Gelegenheit, in einem sicheren Raum zu reflektieren, was sie gerade beschäftigt. Gute Kommunikation befriedigt unser Bedürfnis, gesehen und gehört zu werden, sich verstanden zu fühlen – und das ist die Grundlage jeder stabilen Beziehung.

Im Idealfall kann man sich als Paar für solche grundsätzlichen Gespräche Räume freischaufeln, in denen die Kinderbetreuung anderweitig übernommen wird. Im Alltag über Dinge zu sprechen, kann bei Eltern mit kleinen Kindern schnell durch das Babyfon oder andere unvorhergesehene Dinge unterbrochen werden. Natürlich ist es einfacher, abends nach einem Tag voller Anspannung und Stress auf dem Sofa zu chillen und Netflix zu gucken, als sich für ein tiefes Gespräch zusammenzusetzen. Proaktive Kommunikation in der Partnerschaft ist Arbeit – und läuft nicht immer harmonisch ab. Immer wieder wird es Situationen geben, in denen man verschiedene Perspektiven auf die Dinge hat und nicht unmittelbar zu einer Kompromisslösung findet. Aber auch solche Situationen bringen Paare weiter, denn zumindest kann man anschließend nachvollziehen, wie der*die andere tickt, und hat eine Idee, was im Kopf des Gegenübers vorgeht.

Bei all der Arbeit an der eigenen Beziehung ist es wichtig, dass wir uns auch hier von dem Gedanken der Perfektion verabschieden. In bestimmten Phasen wird es nicht möglich sein, solch eine offene Kommunikation zu führen – das ist okay und sollte anerkannt werden. Aber langfristig gesehen gibt es keine Alternative zu diesem Teil der Beziehungsarbeit, sonst wachsen sich Verletzungen und Unsicherheiten allmählich zu Ablehnung aus. Liebe allein reicht leider nicht, um langfristig eine Beziehung zu führen. Doch die gute Nachricht ist: Wenn man es schafft, den inneren Schweinehund zu überwinden und die Themen, die einen bewegen, offen anzusprechen, kann das zu einer ganz neuen Art von Verbundenheit in der Partnerschaft führen.

Wieder zueinanderfinden

Gerade für frischgebackene Eltern kann es eine große Herausforderung darstellen, Beziehungsgespräche zu führen, ohne dass das Kind im Mittelpunkt steht. Diese neuen kleinen Menschen stehen so sehr im Fokus, nehmen so viel Raum ein, dass wir oft gar nicht merken, wie wenig Raum für die Pflege der Zweierbeziehung bleibt. Um sich bewusst Zeit für Kommunikation zu nehmen und auch die Qualität des Austausches zu steigern, kann es sinnvoll sein, sich Hilfe von außen zu suchen. Ich finde, dass Partnerschaftlichkeit auch Hilfe in Anspruch nehmen darf und sich niemand dafür schämen sollte. Eine gemeinsame Paarberatung oder ein Paarcoaching ist kein Zeichen eines Scheiterns, sondern im Gegenteil ein Zeichen dafür, dass einem etwas an der Verbindung liegt und man bereit ist, weiterhin in die gemeinsame Zukunft zu investieren. Gerade Männern fällt es oft schwerer als Frauen, solche Hilfe anzunehmen, was sicher auch mit den verstaubten Männlichkeitsvorstellungen der Vergangenheit zu tun hat (siehe Kapitel sieben). Doch ich kann euch aus persönlicher Erfahrung sagen: Es lohnt sich, diesen Schritt zu gehen.

In einem Paarcoaching leitet eine neutrale Person als Mediator*in das Gespräch und sorgt dafür, dass man sich nicht in Stellvertreterkonflikten verliert und dass beide Partner*innen

Raum für ihre jeweilige Perspektive haben. Außerdem lernt man viel über Paarkommunikation. Ein Augenöffner für mich war etwa, dass man verschiedene Persönlichkeitstypen unterscheidet, die jeweils bestimmte Kommunikationspräferenzen haben. Als Hilfsmittel dient beispielsweise das DISG-Modell, das zwischen vier Persönlichkeitstypen unterscheidet, unabhängig von Geschlechterrollen. Es geht nur um die Persönlichkeitsstruktur des Individuums. Der ursprüngliche Erfinder dieses Modells war der US-amerikanische Harvard-Absolvent William Moulton Marston, der nicht nur als Psychologe zu Weltruhm gelangte, sondern auch als Comicbuchautor. Marston war schon in den 1940er-Jahren Feminist und erdachte gemeinsam mit seiner Frau die Superheldin Wonder Woman, um jungen Mädchen ein positives, stärkendes Rollenvorbild zu bieten – für die damalige Zeit ein revolutionärer Gedanke.

Das DISG-Modell unterscheidet die Grundtypen „dominant" (D), „initiativ" (I), „stetig" (S) und „gewissenhaft" (G). Zusätzlich gibt es je nach Auslegung und Weiterentwicklung des Modells verschiedene Untertypen. Die Zuordnung einer Person zu einem dieser Grundtypen erfolgt anhand einer Reihe von Selbsteinschätzungsfragen. Dominante Persönlichkeiten zeichnen sich beispielsweise dadurch aus, dass sie sehr ergebnisorientiert sind und gern eigenständige Entscheidungen treffen. Initiative Typen setzen dagegen auf Zusammenarbeit und sind sehr offen und proaktiv. Stetig veranlagte Persönlichkeiten bleiben lieber im Hintergrund, sind aber sehr einfühlsam und kooperativ. Gewissenhafte Typen brauchen Planbarkeit, sind sehr genau und korrekt und haben ein Faible für Daten und Fakten.

Bei Persönlichkeitsmodellen wie dem DISG-Modell geht es nicht darum, für jeden Menschen einen starren Persönlichkeitstyp zu definieren. Wir alle tragen Anteile von jedem dieser Profile in uns. Das Modell taugt also nicht zum Schubladendenken oder gar als Rechtfertigung, warum man sich nicht versteht. Jede*r muss individuell bestimmen, wie sie*er das Modell für sich und die Partnerschaft nutzen kann und will.

Mir hat das DISG-Modell insofern geholfen, dass ich dadurch erst verstanden habe, warum wir in unserer Beziehung manchmal in Kommunikationssackgassen laufen, in welchen Bereichen wir gleich ticken und wo es unterschiedliche Herangehensweisen gibt. Ich bin beispielsweise eher initiativ veranlagt, wohingegen meine Partnerin eher stetig und gewissenhaft ist. Bei mir muss immer alles schnell gehen, ich bin sehr impulsiv und intuitiv in meinem Denken und Handeln und möchte schnell Ergebnisse produzieren. Meine Frau braucht längere Bedenkzeit und Planbarkeit, bevor sie zur Tat schreitet. Wenn ich etwa über bestimmte Probleme in unserer Beziehung sprechen möchte, ist es wenig zielführend, meine Partnerin zu überfallen und ihr zwischen Tür und Angel zu sagen: „Sophia, wir müssen jetzt mal grundsätzlich reden – ich bin gerade nicht 100 Prozent glücklich, und es muss sich etwas ändern.“ Viel sinnvoller wäre folgender Ansatz: „Sophia, können wir uns bitte demnächst mal in Ruhe unterhalten? Es gibt einige Dinge zwischen uns, die mich gerade beschäftigen, und ich fände es gut, wenn wir uns Zeit nehmen würden, um das gemeinsam aufzuarbeiten. Könntest du dir über die nächsten Tage bitte auch Gedanken machen, was dich beschäftigt und woran wir aus deiner Perspektive arbeiten sollten, und dann reden wir am Wochenende in Ruhe?“

Das war jetzt ein sehr kurzer Abriss über ein Modell, das man im Rahmen einer Paarberatung kennenlernen kann. Die Informationen zum DISG-Modell und auch die grundsätzlichen Kommunikationstipps hat mir zum Großteil der Paarcoach Markus Seemann vermittelt, der unter „fest_verankert" auf Instagram zu finden ist. Ich bin kein Fachmann für dieses Thema, möchte an dieser Stelle aber trotzdem eine Lanze dafür brechen, sich bei Beziehungskonflikten professionelle externe Hilfe zu suchen. Erfahrene Paartherapeut*innen können euch dabei helfen, wieder konstruktiv miteinander ins Gespräch zu kommen und näher zusammenzufinden. Denn es ist wichtig, dass auch nach der Geburt eines Kindes dieses Wir-Gefühl der Zweierbeziehung erhalten bleibt und man die eigenen Bedürfnisse nicht komplett hinter die der Partnerschaft und des Nachwuchses stellt.

Eltern werden und Paar bleiben ist möglich, und Kinder können eine Beziehung unglaublich bereichern. Zugleich wird es immer schwierige Situationen geben, denen man gemeinsam und als Einzelperson begegnen muss. Ein guter Vater und Partner zu sein bedeutet immer auch Arbeit an sich selbst. Wie das konkret bei euch aussehen kann, will und möchte ich nicht vorgeben, aber ich hoffe, dass meine Erfahrungen und Denkansätze aus diesem Kapitel euch vielleicht einige Anstöße mit auf den Weg geben. Jedes Paar und jede*r Einzelne muss den eigenen Weg finden, denn die gesellschaftliche Idealvorstellung der harmonischen Familie, in der immer alles perfekt läuft, behindert uns mehr, als dass sie eine Hilfe ist.

6

Unfuck Parenthood

GUT
genug

Es ist nicht immer Friede, Freude, Eierkuchen

Wenn man durch die sozialen Medien scrollt und an Eltern- und Kinderthemen interessiert ist, wird man unweigerlich mit der glitzernden Welt der Mama- oder Papa-Influencer*innen konfrontiert. Ständig lächeln einem aus dem Feed top gestylte und überglückliche Eltern mit fröhlichen, adrett hergerichteten Kindern entgegen. Die perfekte Instagram-Familie lässt uns teilhaben an großartigen Bastelaktionen, gemeinsamen Festgelagen oder harmonischen Ausflügen, die alle Beteiligten angeblich noch viel enger zusammengebracht haben. In einer anderen Szene erledigt Papa den Abwasch in der Küche, die wie frisch aus dem Katalog aussieht, während der Sohnemann glücklich grinsend im Tragetuch hängt. Die Kita-Eingewöhnung des älteren Kindes funktioniert auch super, sodass Mama jetzt viel Zeit für ausgedehnte Sporteinheiten im Fitnessstudio hat. Aber natürlich hatte sie ihr striktes Yoga- und Pilates-Programm schon wieder aufgenommen, sobald es nach der Geburt möglich war – das Baby lag einfach fröhlich glucksend daneben. Und auf der Beziehungsebene läuft bei den jungen, schönen Eltern auch alles picobello, was durch regelmäßige Kuss-Selfies vor idyllischen Hintergründen dokumentiert wird.

Solch eine Beschreibung klingt vielleicht zynisch – und das soll sie an dieser Stelle auch. Denn ich merke immer deutlicher, wie sehr mich diese Zurschaustellung der perfekten Familienidylle auf Instagram und Co. nervt. Wenn ich mir früher solchen Content angeschaut habe, fühlte ich mich als Vater als Versager. Wie konnte es sein, dass diese fremden Menschen all die Herausforderungen, die mit Elternschaft verbunden sind, scheinbar mühelos meisterten, während die Mitglieder meiner Familie regelmäßig an ihre Grenzen kamen? Nach und nach wurde mir klar, wie das sein konnte: Viele dieser Accounts präsentieren der Öffentlichkeit lediglich eine Scheinwelt, die Elternschaft in den schillerndsten Farben zeigt, aber niemals die Schattenseiten erwähnt. In dieser Scheinwelt gibt es keine Ringe unter den Augen, weil das Baby die ganze Nacht geschrien hat. Es gibt keinen Streit zwischen Mama und Papa, weil beide überlastet und gereizt sind. Es gibt keine chaotischen Wohnungen, keine raufenden Kinder und erst recht keine erschöpften und überforderten Eltern. Obwohl ich rational wusste, dass da etwas nicht stimmen konnte, kam emotional bei mir an: Wenn nichts Schlechtes gezeigt wird, muss bei denen alles gut sein. Und ich fragte mich: Warum ist bei uns nicht alles gut?

Versteht mich bitte nicht falsch: Ich bin absolut der Meinung, dass wir alle den Anspruch haben sollten, die besten Eltern zu sein, die wir sein können. Und ich habe auch nichts dagegen einzuwenden, dass wir die schönen Momente der Elternschaft miteinander teilen. Aber wenn ich durch manche Feeds scrolle, sehe ich eine einseitige Inszenierung der perfekten Elternschaft – und die bringt uns nicht weiter. Ich bin überzeugt, dass solche glattgebügelten Darstellungen den gesellschaftlichen Leistungsdruck auf Eltern noch erhöhen. Denn wenn wir nur die angenehmen Momente – womöglich aufpoliert durch Hochglanzfilter – nach außen tragen, dann verstärken wir damit die Hemmung, elterliche Überforderung zu thematisieren. Erleben wir dann schwierige Momente, sind wir verunsichert. Ich zumindest hatte ständig das Gefühl, an einem gesellschaftlichen Standard für Eltern zu scheitern.

Es gibt ein weiteres Problem mit durchweg positiven Darstellungen von Elternschaft in den sozialen Medien: Bei vielen großen Accounts rangiert die Maximierung von Sichtbarkeit offenbar vor Authentizität, und das finde ich ziemlich traurig. Mit der Maxime „Content vor Kind" kann und will ich nichts anfangen. Wenn die Priorität bei einem Bastelabend nicht die gemeinsam verbrachte Zeit ist, sondern das perfekte Foto, dann läuft meiner Meinung nach etwas gehörig falsch. Man könnte auch sagen: Der Rasen in fremden Vorgärten wirkt immer grüner als im eigenen – aber wer weiß, mit welcher Scheiße die da düngen?

Zum Glück gibt es mittlerweile einige Communitys in den sozialen Medien, die nicht nur Friede-Freude-Eierkuchen-Bilder zeigen, sondern auch die stressigen und frustrierenden Momente des Familienalltags teilen. In den Reihen einiger Eltern hat sich ein Widerstand formiert, der insbesondere von jungen Müttern angeführt wird. Diese positionieren sich klar und plakativ gegen die gesellschaftliche Rollenvorstellung der perfekten Hausfrau und Mutter und machen deutlich: Wir haben als Eltern keine Superkräfte, und es ist in Ordnung, wenn wir nicht alles auf Anhieb schaffen. In den Selbstbeschreibungen einiger Influencer*innen sind Formulierungen wie „Zwischen Leben, Liebe und Alltagschaos" zu lesen, und hier sind sie deutlich im Bild, die ungewaschenen Wäscheberge, die Augenringe und sonstige Zeichen der Überforderung. All diese Dinge gelten nicht mehr als Symptome des Scheiterns, sondern werden als mutiges Zeichen der Echtheit und der Ablehnung von bisherigen sozialen Normvorstellungen zelebriert. Ich sehe diese Gegenbewegung als Befreiungsschlag gegen veraltete gesellschaftliche Vorstellungen und denke, dass wir alle von mehr Ehrlichkeit in der Außendarstellung profitieren. Gleichzeitig bleibt aber festzuhalten, dass die Akzeptanz von Inhalten, die elterliche Überforderung thematisieren oder klarmachen, dass nicht immer alles glatt laufen kann, sich innerhalb der sozialen Medien immer noch auf einzelne Communitys und Gruppen beschränkt und noch lange nicht im gesellschaftlichen Mainstream angekommen ist.

Als ich vor einigen Jahren damit begann, mich stärker auf Instagram zu engagieren, stand dahinter der Wunsch, ehrliche und ungeschönte Perspektiven auf Elternschaft sichtbar zu machen.

> „Auf Instagram teile ich Inhalte, die auch die verschiedenen Schattenseiten der Elternschaft beleuchten, unter dem Hashtag #unfuckparenthood – auf Deutsch etwa: Elternschaft authentisch darstellen."

Meine Message war und ist: Es gibt diese Momente als Eltern, in denen uns alles zu viel wird und wir nicht weiterwissen. Situationen, in denen wir in alte Muster verfallen und Dinge sagen oder tun, die wir direkt danach bereuen. Es gab sie, es gibt sie und es wird sie immer geben. Das alles gehört dazu, und das alles darf auch so sein. Wichtig ist nur, dass wir uns nicht verlieren und dass wir jeden Tag aufs Neue versuchen, die besten Eltern für unsere Kinder zu sein. Deswegen plädiere ich laut und nachdrücklich für einen neuen Umgang mit Elternschaft. Lasst uns mehr Echtheit und Empathie wagen. Lasst uns dafür sorgen, dass der Austausch über schwierige Situationen und bisherige Tabus normal wird und sich niemand mehr schämen muss, Überforderung zuzugeben. Denn wenn wir alles Unangenehme unter den Tisch kehren und totschweigen, belügen wir uns nicht nur selbst, sondern auch andere – und die orientieren sich dann an einem Ideal, das nicht zu erfüllen ist.

Auf Instagram und anderen sozialen Medien fällt die Zurschaustellung familiärer Idylle besonders auf. Doch das ist nur eine Ausprägung von traditionellen gesellschaftlichen Familienvorstellungen, wie sie uns seit Jahrzehnten in Werbeanzeigen, im Fernsehen, aber auch im Small Talk auf dem Spielplatz oder in der Kita begegnen. Im Folgenden möchte ich von einigen Erlebnissen berichten, die mich in diesem Kontext sehr beschäftigt haben.

Elternschaft ist kein Wettbewerb

Ein schöner Sonntagvormittag in Herdecke – die Sonne scheint, die Vöglein zwitschern, und ich bin mit unseren Söhnen auf dem Spielplatz. Zu diesem Zeitpunkt ist Jota noch recht klein und vergnügt sich in der Sandkiste, während Elja schon wild herumflitzt und jeden Baum erklettert, den er erspäht. Ich setze mich entspannt auf eine Bank und behalte meine Kinder im Blick, die inzwischen einige Spielgefährt*innen gefunden haben. Nach einiger Zeit setzen sich zwei Mütter auf die Nebenbank und unterhalten sich.

„Ja, also der Ludwig, der hat ja überhaupt keine Probleme mit der Kita. Die Eingewöhnungsphase lief großartig, die Erzieher*innen sind ganz entzückt von ihm. Aber Ludwig war auch schon immer weit entwickelt für sein Alter. Wie macht sich denn euer Sohn?"

„Stell dir vor, der Theodor ist schon mit achteinhalb Monaten gelaufen. Ganz erstaunlich, damit ist er im 95. Perzentil. Motorisch ist der schon so weit."

Zwischen den beiden Müttern entwickelt sich ein regelrechter Wettkampf, bei dem die Entwicklungsstadien des Nachwuchses und die elterliche Kompetenz verglichen werden. Größer, schneller, weiter, klüger – kein Loblied auf das eigene Kind scheint zu übertrieben. Die Damen betonen außerdem, dass selbstverständlich nur das Fair-Trade-Bio-Holzspielzeug gekauft wird und sie in Sachen Kindererziehung so was von am Puls der Zeit sind. Ich höre mir das alles mit einer Mischung aus Faszination und Erstaunen an. Die letzte Selbstlobpreisung muss ich allerdings kritisch hinterfragen, denn der Mutti-Battle wird ab und zu von Episoden wie dieser unterbrochen:

„Ludwig, nicht da draufklettern, da ist ja alles dreckig. Pfui! Ich habe ‚Nein' gesagt! Wir gehen, wenn du jetzt nicht hörst. Ludwig ... ich sage es nicht noch einmal, jetzt ist gleich Schluss. Wir gehen sofort nach Hause."

Dieses öffentliche Runterputzen des eigenen Kindes steht im völligen Gegensatz zu den vorherigen Lobpreisungen. Und ob diese leeren Drohungen tatsächlich der letzte Schrei in der Kindererziehung sind, darf bezweifelt werden. Ich sitze fassungslos daneben, und in meinem Kopf überschlagen sich die Gedanken. Wieso gibt es dieses „Ich setz noch einen drauf"-Spielchen, bei denen die Kinder als Stellvertreter*innen für den Geltungsdrang der Eltern herhalten müssen? Warum geht man mit Kindern auf den Spielplatz, wenn diese dort nicht mal richtig spielen dürfen, weil ja die teuren Markenklamotten dreckig werden könnten? Und warum geht es immer darum, wer etwas besser kann? Je länger ich über das Gespräch nachdenke, desto selbstkritischer werde ich. Gehe ich unbewusst vielleicht auch so mit meinen Kindern um? Bin ich ebenfalls schon in die Falle getappt, alles vergleichen zu müssen? Mitten in diesen Überlegungen will ich meinem Kopf eine Auszeit gönnen und nehme wieder meine Kinder in den Fokus. Ich sehe, wie Jota sich gerade vergnügt glucksend eine Handvoll Sand in den Mund schiebt. Ich überlege kurz, in welchem Sand-ess-Perzentil Jota wohl liegt und ob aus ihm vielleicht der weltbeste Sandesser werden könnte ... Aber Spaß beiseite – dieser absurde Szenenwechsel erleichtert mich tatsächlich, denn mir wird klar: Das sind meine Kinder, und die dürfen gerade genau so sein, wie sie eben sind, und müssen weder mit Ludwig noch mit Theodor in Wettstreit treten. Es beruhigt mich auch, dass ich in dieser Sekunde nicht gleich den Drang verspüre, aufzuspringen und meinen Sohn darauf hinzuweisen, dass Sand nicht essbar ist, oder ihm anzudrohen, dass wir sofort nach Hause gehen, wenn er sich noch mehr davon in den Mund stopft. Ich habe Jota später trotzdem klargemacht, dass Sand essen dauerhaft nicht die tollste Idee ist, aber ohne Schimpfen und Drohungen. Kinder sind kleine Menschen, die ihren eigenen Kopf haben, und den können wir ihnen in gewissen Grenzen auch zugestehen.

An dieser Stelle möchte ich mich bei allen Ludwigs und Theodors für die Verwendung ihrer Namen in dieser tatsächlich erlebten, aber überspitzt dargestellten Situation entschuldigen. Die beiden Kids der Wettbewerb-Muttis wollten im Übrigen auch einfach nur spielen, toben und sich im Dreck suhlen – wie Kinder es eben manchmal machen. Und ich möchte den Müttern keine bösen Absichten oder gar fehlende Liebe zu ihren Kindern unterstellen. Ich möchte mit diesem Beispiel nur zeigen, dass es ziemlich egal ist, welches Kind im besseren Perzentil der Entwicklungskurve ist oder welches schon wie viel kann. Ich glaube, dass der Vergleich der Kinder eigentlich ein stiller Vergleich der Eltern ist, die dadurch versuchen, einem gesellschaftlichen Idealbild gerecht zu werden. Das alles ist das Resultat einer Sozialisation, die ein Großteil der heutigen Eltern als Kinder selbst durchgemacht hat.

Wenn ihr euch durch dieses Beispiel angesprochen oder getriggert fühlt, möchte ich euch ermutigen, weiter darüber nachzudenken. Elternschaft ist kein Wettbewerb und muss auch nicht dazu gemacht werden. Wir sollten uns darauf besinnen, worum es wirklich geht – und das ist meiner Meinung nach die Zeit, die wir miteinander verbringen, und nicht der Vergleich mit anderen. Jedes Kind ist einzigartig und hat das Recht, geliebt zu werden, auch wenn es vielleicht seine Eigenheiten hat oder ein Sturkopf ist. Diese simple Wahrheit illustriert auch die nächste Geschichte.

Im Schlafanzug in den Kindergarten

In meiner beruflichen Tätigkeit als Erzieher im Kindergarten bekomme ich große und kleine Dramen des Elternalltags ebenso mit wie viele schöne Situationen zwischen den Kindern und ihren Mamas und Papas. Ein Moment hat sich mir besonders eingeprägt, weil mir eine Mutter zeigte, wie man sich mit einer gehörigen Portion Mut und elterlichem Pragmatismus dem gesellschaftlichen Ideal des perfekten Familienlebens auch in der realen Welt entziehen kann. Denn natürlich ist es einfacher, unschöne oder stressige Situationen in der halb anonymen Welt der sozialen Medien zu offenbaren, als diese im direkten Kontakt mit anderen Menschen sichtbar werden zu lassen.

Besagte Mama stand eines Morgens mit dem Nachwuchs im Schlepptau vor der Tür des Kindergartens und sagte in ruhigem, aber bestimmtem Ton: „Mein Sohn hat heute Morgen partout darauf bestanden, dass er sich nicht anziehen möchte. Wir haben alle Sachen mit – vielleicht könnt ihr das hier nachholen? Das wäre lieb.“ Daneben stand der Sohnemann frech grinsend, und unter der Jacke konnte man seinen Schlafanzug erspähen.

Die Mutter hatte sich in diesem Moment von der Erwartungshaltung befreien können, ihr Kind jeden Morgen gestriegelt und gebürstet in einem perfekt abgestimmten Outfit und mit frisch gesäuberten Fingernägeln im Kindergarten abgeben zu müssen. Sie erzählte mir, dass es zu Hause jeden Morgen stressig sei, denn drei Kinder müssten für Kita und Kindergarten fertig gemacht werden, bevor sie selbst zur Arbeit ginge. Die Morgenrituale funktionierten oft sehr gut, aber an diesem Tag sei alles anders gekommen. Ihr Sohnemann hätte sich komplett quergestellt, sich unter Weinen und Quengeln geweigert, die Kleidung zu wechseln, und im Schlafanzug bleiben wollen. Die Mutter schilderte mir ruhig und einfühlsam, dass sie es an diesem Morgen einfach nicht anders hinbekommen hätte. Weil sie den Konflikt nicht eskalieren lassen wollte und die Zeit immer knapper wurde, hatte sie dem Jungen gesagt: „Alles klar, dann packen wir deine Anziehsachen zusammen, und du kannst dich im Kindergarten bei den Erzieher*innen umziehen, falls das für die okay ist.“ Für mich war das vollkommen in Ordnung. Ich mache lieber eine Umziehaktion im Kindergarten, als den ganzen Vormittag ein aufgebrachtes Kind beruhigen zu müssen.

Ich fand die Aktion der Mutter aus mehreren Gründen echt stark. Sie hatte es geschafft, den „Was sollen nur die anderen denken?“-Modus zu vermeiden und etwas, das als Schwäche ausgelegt werden könnte, zu normalisieren. Das Kind einfach mit Schlafanzug in den Kindergarten zu bringen, hatte nichts mit Trotz oder Bestrafung des Kindes zu tun, sondern die Mutter hatte in einer stressigen Situation einen Kompromiss gesucht und die Bedürfnisse des Kindes ebenso ernst genommen wie die eigenen. Aus meiner Sicht ging sie mit ihrem Sohn in dieser Situation auf Augenhöhe um. Schließlich dürfen wir nicht vergessen, dass Kinder kleine Individuen sind, die ihren eigenen Kopf haben. Und wir sollten uns von der Vorstellung verabschieden, dass das Verhalten des Kindes Auskunft darüber gibt, wie gut wir unseren Job als Eltern machen (das wäre eine Ausprägung des Adultismus, mit dem wir uns in Kapitel acht noch genauer auseinandersetzen).

Vielleicht hatte der Schlafanzug-Sohn in der Nacht schlecht geträumt, war mit dem falschen Fuß aufgestanden oder hatte im Moment des Anziehens eine trotzige Wut gespürt, die auf etwas ganz anderes zurückzuführen war. Solche negativen Situationen gehören zum Leben dazu, sowohl für Erwachsene als auch für Kinder – und wir müssen auf beiden Seiten lernen, damit umzugehen. Warum sollten wir die eigenen Gefühle und Bedürfnisse ernster nehmen als die unserer Kinder? Nähe und Bindung bauen wir auf, wenn wir unseren Kindern zeigen, dass wir auch in schlimmen Momenten für sie da sind. Dazu gehört auch das Beruhigen des Kindes, wenn es einen Wutanfall hat oder traurig ist. Aber genauso wichtig ist es, die Gefühle des Kindes in diesem Moment nicht zu relativieren, sondern sie wahrzunehmen und gemeinsam nach produktiven Lösungen zu suchen. So lernt das Kind, dass schwierige Situationen gemeinsam besser zu meistern sind, und erfährt Selbstwirksamkeit, weil es an der Lösung seines Problems beteiligt ist.

> „Wer mehr über das Konzept der bedürfnisorientierten Elternschaft erfahren möchte, dem kann ich die Veröffentlichungen und Social-Media-Kanäle von Susanne Mierau empfehlen."

Damit will ich nicht sagen, dass Kinder immer machen sollten, was sie wollen, und dass es keine Unterschiede zwischen Erwachsenen und Kindern gibt. Bestimmte Abläufe fallen in den Bereich der elterlichen Verantwortung. Wenn es beispielsweise um medizinische Versorgung geht, hat sich mir folgender Satz eingeprägt: „Die Eltern entscheiden, was gemacht wird, und die Kinder dürfen mitentscheiden, wie etwas gemacht wird." Steht beispielsweise ein Zahnarztbesuch an, können Eltern ihrem Kind vermitteln: „Ein Zahnarztbesuch ist wichtig, damit du gesund bleibst. Die Gesundheitsfürsorge ist das Thema von Mama und Papa, aber du darfst entscheiden, mit wem du dorthin gehen möchtest und ob du ein Kuscheltier mitnehmen möchtest." So erhält das Kind seine notwendige Versorgung, kann aber mitgestalten.

Im Beispiel unseres Schlafanzug-Kindes hat die Mutter dafür zu sorgen, dass das Kind bei kaltem oder nassem Wetter nicht ohne Schuhe und Jacke draußen rumläuft und sich deshalb erkältet. Und sie muss klären, ob ihr Alternativplan

(„Wenn du dich jetzt nicht anziehen möchtest, kannst du das nachher mit den Erzieher*innen nachholen“) von den betroffenen Menschen mitgetragen wird. Zugleich ist es keine Option, dass das Kind aus einer Laune heraus entscheidet: „Ich gehe heute nicht in den Kindergarten.“ Denn aufseiten der Mutter gibt es ebenfalls Verpflichtungen und Bedürfnisse, die berücksichtigt werden müssen. Es geht also nicht um das Abladen einer Verantwortung oder die Vermeidung von Konfrontation, sondern um einen wertschätzenden Umgang miteinander.

Außerdem ist es wichtig, zwischen einem Bedürfnis und einem Wunsch zu unterscheiden: Ein Bedürfnis heißt, etwas zu brauchen, ein Wunsch heißt, etwas zu wollen. Wenn das Kind ein Eis fordert und auf ein Nein mit einem Wutanfall reagiert, hat es in diesem Moment wahrscheinlich kein Bedürfnis nach einem Eis, sondern es wünscht sich, ein Eis zu essen. Soll es von Elternseite aber gerade kein Eis geben, weil es beispielsweise vorher schon Süßigkeiten gab, ist es völlig gerechtfertigt, eine Grenze zu setzen und diese klar zu kommunizieren. Trotzdem sind die emotionalen Bedürfnisse des Kindes – eine Frustration ausdrücken, sich gesehen und gehört fühlen, sich mitteilen und mit der Welt interagieren – in diesem Moment präsent und wichtig. Ein einfacher Satz, um eine Rückmeldung zu erhalten, worum es gerade geht, wäre folgender: „Ich sehe, dass du sehr wütend bist. Was können wir tun, damit es dir auch ohne ein zweites Eis besser geht?“ Denn auch wenn wir unseren Kindern als Eltern Grenzen setzen, sollten wir immer mit ihnen in Verbindung bleiben.

Diese Unterscheidung zwischen „Was braucht das Kind?“ und „Was will das Kind?“ ist ein schmaler Grat und einer der Punkte, an dem das Konzept der bedürfnisorientierten Erziehung oft falsch verstanden wird. Auch uns als Eltern fiel das am Anfang oft schwer. Denn es ist ein stetiger Prozess, Situationen immer wieder neu zu evaluieren. Jede Familienbeziehung ist unterschiedlich, jeder Mensch einzigartig. Solche Erziehungskonzepte bieten aus meiner Sicht eher grundlegende Perspektiven auf Elternschaft als Blaupausen für elterliches Verhalten.

Uns allen täte es gut, wenn wir mehr aufeinander zugingen und in Situationen wie der mit dem Schlafanzug nicht sofort ein Werturteil träfen. Sowohl im Umgang mit unseren Kindern als auch mit anderen Menschen möchte ich dazu ermuntern, dass wir gerade in schwierigen oder stressigen Momenten öfter deutlich machen: „Ich verstehe, wie du dich gerade fühlst, das ist okay, und es werden andere Tage kommen." Stattdessen sehen wir uns immer noch zu häufig als Konkurrent*innen und gaukeln uns und anderen eine heile Welt und ein Elternideal vor, die in dieser Form gar nicht existieren. Wenn man der gesellschaftlichen Erwartung mal nicht entspricht, ist das nicht zwangsläufig eine Schwäche oder ein Scheitern. Und es ist wichtig, dass wir als Eltern auch die eigenen Bedürfnisse und Gefühle ernst nehmen, denn diese sind relevant und gerechtfertigt.

Das Paradoxon des Vermissens

Als ich in Vollzeit arbeitete, ertappte ich mich tagsüber oft dabei, dass ich meine Kinder stark vermisste. Mir fiel es schwer, den ganzen Tag von ihnen und Sophia getrennt zu sein. Ständig fragte ich mich, was sie wohl gerade machten, wie es ihnen ging. Dieses Gefühl des Vermissens war da, obwohl ich wusste, dass ich abends ausgelaugt sein würde und meine Kinder trotzdem sofort meine Aufmerksamkeit einfordern würden. Ich sehnte mich nach meinen Liebsten, obwohl ich wusste, dass sich unharmonische und stressige Situationen ergeben würden.

Während wir nun mit dem Wohnmobil durch Europa reisen, kommt eine andere Art des Vermissens ins Spiel. Ich vermisse, auch mal allein sein zu können. Einfach mal die Tür zu schließen und einige Stunden nur mit mir zu verbringen. Denn abschalten ist in den zehn Quadratmetern Wohnraum, die wir uns auf dieser Reise teilen, nicht drin. Wir versuchen als Eltern, uns gegenseitig Freiräume zu schaffen, damit man sich diese Pausen tatsächlich nehmen kann – das gilt für Ausnahmesituationen wie unser Abenteuer, aber auch für den Alltag zu Hause. Ich bin wirklich dankbar, dass wir uns Zeiten der alleinigen Kinderbetreuung als Team aufteilen können, damit der*die andere eine Auszeit nehmen kann. Und ich weiß, welch ein Privileg das ist, denn viele andere Menschen haben diese Option nicht oder nur begrenzt.

Wie viele andere Eltern und vor allem Mütter bin ich an manchen Tagen sehr vieles in einem – Papa, Partner, Koch, Erzieher, Erfinder, Künstler, Abenteurer und Kontrolleur, ob der Popo wirklich sauber ist. Aber ich bin auch ein Mensch. Als solcher habe ich Grenzen der Belastbarkeit und das Bedürfnis, auch mal Zeit für mich zu haben. All das ist mit einer unendlichen Liebe für meine Kinder und meine Partnerin vereinbar – denn am Ende nutze ich die neu gewonnene Kraft aus diesen Pausen zu ihren Gunsten. Solche paradoxen Gefühle des Vermissens zu haben, macht uns nicht zu schlechten Eltern, sondern einfach menschlich.

Rabenvater

Manchmal gibt es Tage, die man am liebsten vergessen oder in die Mülltonne werfen möchte. An solchen „Tonnentagen", wie ich sie nenne, kommt es vor, dass wir als Eltern überfordert sind und trotz bester Vorsätze im Umgang mit den Kindern die Fassung verlieren, beispielsweise die Stimme erheben oder Strafen androhen. Ich möchte zum Schluss dieses Kapitels ein weiteres gesellschaftliches Tabu brechen und euch davon erzählen, was in diesen Momenten in mir als Vater vorgeht und warum.

In unserem Haushalt ist die Krone der Schimpfwörter, die meine Söhne inzwischen aufgeschnappt haben, die beeindruckende Wortkreation „Scheiß-Vollidioten-Arschloch-Papa". Als Erzieher weiß ich, dass Kinder immer für sich und nicht gegen uns handeln. Haben sich Frustration und Wut angestaut, muss das irgendwie raus und braucht ein Ziel. Eigentlich müsste ich professionell damit umgehen können, denn im Kindergarten habe ich solche Situationen vielfach erlebt. Ich weiß, dass bei solchen Ausbrüchen nicht ich als Person gemeint bin, sondern dass es häufig darum geht, einer emotionalen Überforderung Luft zu machen. Doch in diesem Fall fühle ich mich gemeint, fühle mich persönlich angesprochen. Denn da stehen keine mir anvertrauten fremden Kinder vor mir, sondern *meine* Kinder.

Gerade im Umgang mit meinem älteren Sohn kommt es in letzter Zeit leider häufiger vor, dass er nicht weiß, wohin mit seinen Gefühlen, und mir dann in Wuttiraden solche Dinge an den Kopf wirft. Er schimpft, brüllt und manchmal schlägt oder tritt er sogar. Oft kann ich ruhig und besonnen damit umgehen, verständnisvoll auf ihn eingehen, ihm gut zureden und gemeinsam mit ihm die Probleme angehen. Dann finde ich Worte wie „Lass uns reden“, „Ich merke, wie wütend du bist“ oder „Was brauchst du?“. Doch manchmal falle ich selbst aus der Rolle, werde laut und ungerecht, drohe Strafen an. Dann scheitere ich an meinen eigenen Ansprüchen und habe Angst, ein schlechter Vater zu sein. Denn wenn jemand die Definition eines Rabenvaters formulieren kann, dann bin das ich.

Rabenvater
Substantiv, maskulin [der]
Ein liebloser, hartherziger Vater, der seine Kinder vernachlässigt

Ein Rabenvater lässt Mutter und Kind sitzen. Ein Rabenvater zahlt keinen Unterhalt. Ein Rabenvater wird handgreiflich. Ein Rabenvater verpasst alle wichtigen Termine und großen Ereignisse seines Kindes. Die Termine, die er nicht verpasst, versaut er nachhaltig. Ein Rabenvater wird übrigens direkt zum Rabenopa und hat kein Interesse an seinen Enkelkindern.

Glaubt mir, ich weiß, wovon ich rede. Aber ich bin nicht so ein Vater, sondern ich bin ein Papa und versuche, die Dinge anders anzugehen und mein eigenes Ideal von Vaterschaft zu erreichen. Dafür gebe ich alles. Ich denke oft: Ich bin doch für meine Kinder da, ich sehe sie und gehe auf sie ein. Und genau deshalb triggert es mich, wenn mein Sohn mir so etwas an den Kopf wirft. Gleichzeitig weiß ich, dass er noch nicht wissen und verstehen kann, was seine an mich gerichteten Ausbrüche in mir auslösen. Die Beleidigung ist an dieser Stelle gar nicht das, was wehtut, sondern die Betitelung als schlechter Papa. Diese greift – wie oben erklärt – viel tiefer. Deshalb fällt es mir in manchen Situationen schwer, meine Emotionen zu kontrollieren. Wichtig ist aber, dass ich nie komplett ausraste und etwa handgreiflich werde oder Ähnliches. Nachdem sich die Wogen geglättet und wir beide uns beruhigt haben, kommt immer die Annäherung, die gegenseitige Entschuldigung. Dann liegen wir uns in den Armen und flüstern uns gegenseitig ins Ohr, wie sehr wir uns lieben. Bei allen Schattenseiten des Elterndaseins ist es wichtig, dass wir uns immer und immer wieder an die schönen Momente erinnern. Beide Aspekte gehören dazu – und um das anschaulich zu machen, teile ich diese intimen Einblicke mit euch.

» Die Bezeichnung „Rabeneltern“ als Schimpfwort für Eltern, die angeblich ihre Pflichten gegenüber den Nachkömmlingen vernachlässigen, findet sich schon seit dem 14. Jahrhundert in der deutschen Sprache. Junge Raben verlassen das Nest, sobald sie flugfähig sind. Anhand dieser Beobachtung nahm man fälschlicherweise an, dass Rabeneltern nicht sehr fürsorglich sind. «

Angesichts der traditionellen Vorstellung des Vaters als unerschütterlicher Fels in der Brandung ist es mir zum Abschluss des Kapitels ein Bedürfnis, Folgendes klarzustellen: Liebe Männer, auch für euch ist es okay, wenn bestimmte Dinge wehtun und ihr nicht alles wegstecken könnt. Das entspricht möglicherweise nicht dem Bild von Männlichkeit, mit dem ihr aufgewachsen seid. Wenn wir über Vaterschaft nachdenken, müssen wir über diese veralteten Männlichkeitsvorstellungen reden und ihnen neue, positive Rollenbilder entgegenstellen. Genau das ist das Thema des nächsten Kapitels.

7

Positive Männlichkeit

NO PLACE FOR
TOXIC MASCULINITY
BOYS DO CRY

Wann ist ein Mann ein Mann?

Manchmal frage ich mich, was andere Menschen wohl denken, wenn sie mich sehen. Denn wir alle treffen, ob bewusst oder unbewusst, stille Annahmen über Personen, wir beurteilen sie und teilen sie in bestimmte Kategorien ein. Vielleicht hatten Passant*innen vor einigen Jahren folgenden Gedankengang: Ein Kerl von fast zwei Metern, rauschender Vollbart und zugetackert mit Tattoos, steht an der Ampel und wischt sich nach einem Telefonat Tränen aus dem Gesicht. Wahrscheinlich hat seine Freundin Schluss gemacht, weil er ein herzloser Proll ist. Hände und Finger des Hünen sind komplett tätowiert. Das sieht nach Knast aus. So bekommt der mit Sicherheit keinen Job, und falls doch, dann nur irgendwas mit harter körperlicher Arbeit.

Ich bemerke immer wieder, dass mir Menschen aufgrund meiner äußeren Erscheinung auf besondere Art und Weise begegnen und mich in eine Schublade stecken. Und manchmal kommt dann vielleicht so ein Unfug wie die oben beschriebene Interpretation heraus. Ob wohl irgendjemand, der mich nicht kennt, auf die zutreffende Deutung der Szene käme? Meine Unterarme zieren keine Knast-Tattoos, sondern ich habe mir die Namen meiner Jungs auf die Finger stechen lassen und für jeden eine Blume auf den Handrücken. Als ich an der Ampel stand, wischte ich mir ein Tränchen weg, weil meine Frau mir eine Sprachnachricht geschickt hatte, in der mein großer Sohn mir sagte, dass er mich bis zum Mond und zurück, auf den Sternen und der Erde liebt. Und wie ihr bereits wisst, habe ich einen Job – und zwar als Erzieher in einem Kindergarten, also einem Berufsfeld, das traditionell als weiblich gilt.

Vorurteile aufgrund von Äußerlichkeiten erweisen sich bei näherer Betrachtung oft als falsch, aber woher kommen sie eigentlich? Bei den Annahmen, die Menschen über mich treffen, sind traditionelle Rollenbilder von großer Bedeutung. Weil ich groß und breitschultrig bin, einen Bart habe und Tattoos trage, werde ich als Mann gelesen. Zugleich schreibt man mir bestimmte Charaktereigenschaften zu – dass ich beispielsweise ein unabhängiger, harter, emotionsloser Proll bin, der Frauen zeigt, wo es langgeht. Natürlich ist die obige Beschreibung überspitzt, und ich möchte keinesfalls behaupten, dass ein Großteil der Menschen so über mich denkt. Doch egal, wie die Beurteilung ausfällt – im Hintergrund wirken immer Rollenbilder, schließlich wurden wir alle mit ihnen sozialisiert.

Über Rollenbilder zu sprechen, beinhaltet die Frage nach Geschlechternormen: Was macht eine Frau zu einer Frau, und was macht einen Mann zu einem Mann? Dabei möchte ich betonen, dass es im Folgenden um weitverbreitete soziale Zuschreibungen und Normen geht und nicht um biologische Merkmale oder allgemeingültige Beschreibungen von Mann-Sein und Frau-Sein. Es gibt keinen Standard für Männlichkeit oder Weiblichkeit. Es gibt nur gesellschaftliche Vorstellungen, wie sich Männer und Frauen aufgrund der Zugehörigkeit zu einem Geschlecht verhalten sollten. Das heißt zugleich: Soziale Geschlechterrollen sind wandelbar. Zum Glück haben wir heute in großen Teilen der Gesellschaft verstanden, dass Geschlechtsidentitäten eine Frage des persönlichen Erlebens sind. Ob sich jemand als Mann, als Frau, als non-binär oder irgendetwas dazwischen sieht, ist eine hochkomplexe und sehr individuelle Angelegenheit. Es geht mir in diesem Kapitel nicht darum zu diskutieren, wie biologisches Geschlecht und Geschlechteridentität zusammenhängen. Mir geht es um soziale Vorstellungen von Männlichkeit und um die Frage, warum moderne Väter sich mit diesem Thema proaktiv auseinandersetzen sollten.

Beginnen wir mit einer grundlegenden Frage: Was macht traditionelle Vorstellungen von Männlichkeit aus? Forscher*innen vom Boston College haben 2003 einen Fragebogen zu Männlichkeitsnormen entwickelt, der eine Auflistung von traditionell typisch maskulinen Eigenschaften enthält: den Drang zu gewinnen, die Kontrolle von Emotionen, Risikobereitschaft, Gewaltbereitschaft, Dominanz, Playboy-Verhalten, Selbstständigkeit und Unabhängigkeit, Macht über Frauen, die Ablehnung von Homosexualität und das Streben nach Status. Hier finden sich viele Vorstellungen, die in der feministisch geprägten Diskussion oft als „toxische Männlichkeit" bezeichnet werden. Nach diesem Rollenbild ist ein echter Mann emotional abgehärtet und durch nichts aus der Bahn zu werfen. Er zeigt seine Gefühle nicht, und hat er Sorgen oder Ängste, werden diese unterdrückt. Weinen oder überhaupt Verletzlichkeit sieht er als Schwäche und Frauensache. Ein echter Mann ist dominant, hat seine Frau(en) im Griff. Möglichst viel Sex und materielle Güter sind seine Statussymbole. Er zeigt Stärke und Konfliktbereitschaft, während er Kooperation ablehnt.

Angesichts solcher traditionellen Männerbilder werden die strukturellen Probleme der Gleichberechtigung, die in diesem Buch mehrfach angesprochen wurden, sehr viel verständlicher. Denn nach diesen toxischen Vorstellungen von Männlichkeit müssen diejenigen, die dem Männlichkeitsideal nicht entsprechen, abgewertet und unterdrückt werden – das betrifft Frauen, Personen aus der LGBTQI*-Community oder auch Männer, die andere Vorstellungen von Männlichkeit haben.

» Nach einer Theorie der australischen Soziologin Raewyn Connell ist die Abwertung alternativer Geschlechterrollen zentral für die Vormachtstellung des Patriarchats in der Gesellschaft. Diese Norm der sogenannten hegemonialen Männlichkeit sorgt zum Beispiel dafür, dass Männer mit Personalverantwortung Führungspositionen nur an andere Männer vergeben. «

Man könnte einwenden, dass viele dieser geschlechtsspezifischen Rollenbilder heute überholt sind und die Diskussion um toxische Männlichkeit die positiven Aspekte von traditioneller Männlichkeit überlagert. Bei beiden Einwürfen hilft uns erneut die Wissenschaft weiter.

Um herauszufinden, welche Männlichkeitsnormen heute besonders einflussreich sind, hat eine Gruppe von Forscher*innen unter der Leitung von Joel Wong in den USA eine repräsentative Studie mit 463 Männern durchgeführt. Sie sollten aufschreiben, welche Eigenschaften die Gesellschaft ihrer Meinung nach als besonders männlich beurteilt. Hier wurden also keine Eigenschaften vorgegeben, denen die Studienteilnehmer zustimmen oder die sie ablehnen sollten, sondern sie konnten selbst frei wählen.

Die 2020 veröffentlichten Ergebnisse zeigen deutlich, wie viele traditionelle Vorstellungen bis heute nachwirken. So gaben 55 Prozent der Befragten an, dass emotionale Zähheit als besonders männlich gilt, und bestätigen damit, dass von Männern auch in der Gegenwart noch mehrheitlich erwartet wird, wenig Gefühle zu zeigen. 40 Prozent waren der Meinung, dass Männlichkeit bedeutet, jede Weiblichkeit zu vermeiden, und 13 Prozent empfanden nur heterosexuelle Männer als männlich. Für mich sind das erschreckende Ergebnisse, die eines deutlich machen: Wir führen keine Strohmanndiskussion, wenn wir über problematische Vorstellungen von Männlichkeit in der heutigen Zeit reden. Ansichten, die ihr als Leser*innen dieses Buches vielleicht für längst antiquiert haltet, sind für viele andere immer noch gültig – das gilt sowohl in den USA als auch in Deutschland.

Auch zu den Themen Vaterschaft und Familie gibt es interessante Zahlen in dieser repräsentativen Befragung. 50 Prozent der Männer gaben die Versorgung der Familie als männliche Aufgabe zu Protokoll, und etwa 28 Prozent waren der Meinung, dass ein Mann über seine Arbeit definiert wird. Hier zeigt sich auch die enge Verbindung mit dem Rollenbild des väterlichen Ernährers, auf das ich in den letzten Kapiteln bereits ausgiebig eingegangen bin. Die Abgrenzung von Care-Arbeit, die nach traditionellen Geschlechterrollen den Frauen zugeschrieben wird, zeigt sich in der Männlichkeitsstudie von 2020 ebenfalls deutlich: 21 Prozent der Männer gaben an, dass die Vermeidung der Hausarbeit typisch männlich ist.

Die Befragten führten auch einige traditionelle Eigenschaften an, die manche als positiv bezeichnen würden. 24 Prozent nannten beispielsweise Charakterstärke als männliches Merkmal, und 33 Prozent waren der Meinung, ein Mann sollte ein Gentleman sein. Aber hier muss ich einwenden: Erstens überwiegen in dieser Liste Eigenschaften, die sich mit den toxischen Aspekten traditioneller Männlichkeit decken, und zweitens ist es zumindest diskutabel, ob die Inszenierung als Gentleman nicht auch problematische Züge hat.

Nach meiner persönlichen Erfahrung spielt Körperlichkeit beim Männerbild ebenfalls eine wichtige Rolle: Wer dem traditionellen Idealbild eines echten Mannes nicht entspricht – groß, breite Schultern, muskulös, Bartwuchs –, läuft Gefahr, stigmatisiert zu werden. Gerade weil ich körperliche Merkmale habe, die diesem Ideal entsprechen, ist es mir ein Anliegen, mich gegen jegliche Ausprägung von toxischer Männlichkeit zu stellen und klare Kante zu zeigen. Meiner Meinung nach sind die meisten der genannten Rollenklischees verstaubt, teilweise ekelhaft und haben keinen Platz in einer modernen Gesellschaft, die auf Diversität und Gleichberechtigung ausgelegt ist. Mehr noch: Solche Vorstellungen von Männlichkeit haben gefährliche Folgen für uns und für unsere Kinder. Ich werde im Laufe des Kapitels erläutern, warum traditionelle Vorstellungen von Männlichkeit meiner Meinung nach weiterhin kritisch hinterfragt werden müssen und wie neue, positive Männlichkeitsnormen aussehen könnten. Aber zuerst möchte ich eine Anekdote mit euch teilen, die zeigt, warum dieses Thema nicht nur für uns, sondern auch für kommende Generationen relevant ist.

Kaputte Männer und starke Kinder

Bei meiner Arbeit als Erzieher bekomme ich hautnah mit, wie sehr Kinder von Geschlechternormen beeinflusst werden und was das mit ihnen macht.

Eines Tages kam ein kleiner Junge aus meiner Gruppe mit bunt lackierten Fingernägeln in den Kindergarten, die er stolz präsentierte. Sofort hagelte es von einigen anderen Kindern blöde Kommentare. Da waren auch Sprüche folgender Art dabei: „Nagellack ist doch nur was für Mädchen! Du bist kein richtiger Junge, wenn du lackierte Nägel hast." Den Kleinen hat das sehr verletzt und gekränkt. Er fand sich und seine bunten Nägel hübsch, doch die negativen Reaktionen verunsicherten ihn – andere sagten ihm, dass an ihm etwas falsch sei, dass er kein Junge sein könnte, wenn er Nagellack cool fände. Es gab Tränen und in der Folge weitere Hänseleien, weil ja „nur Mädchen und Babys weinen". Ich nahm ihn beiseite und sagte ihm, wie hübsch ich seine Nägel fände und dass bunte Fingernägel meiner Meinung nach auch bei Jungs cool seien. Doch im Gespräch merkte ich, dass der Kleine sich immer noch unwohl fühlte und versuchte, seine Finger zu verstecken.

Am nächsten Morgen staunten die Kinder in meiner Gruppe nicht schlecht, denn ich hatte am Abend zuvor beschlossen, mir ebenfalls die Nägel verzieren zu lassen. Mit knallrotem Nagellack geschmückt, begrüßte ich sie im Kindergarten. Das freute nicht nur den kleinen Jungen, sondern ließ sogar die hänselnden Kinder nachdenklich werden. Wie konnte es sein, dass der Felix, der schließlich ein erwachsener Mann war, jetzt auf einmal auch lackierte Nägel hatte? Ich erklärte ihnen dann, dass meiner Ansicht nach jede*r Mensch gut ist, wie er eben ist, und auch so sein darf – solange das niemand anderem schadet. Das überzeugte diese kleinen Menschen, denn bei Kindern sind Voreingenommenheit, Schubladendenken und das Urteilen über andere noch nicht ausgeprägt (mehr dazu in Kapitel acht). Die Überzeugung, dass Jungs keinen Nagellack tragen dürfen und nur Mädchen weinen, kommt nicht von den Kindern, sondern von Erwachsenen, die ihnen ein Rollenbild vermitteln, mit dem sie häufig selbst aufgewachsen sind.

> »Die Idee, mir aus Solidarität die Nägel zu lackieren, ging auf eine Aktion des Stand-up-Comedians Moritz Neumeier zurück. Unter dem Hashtag #lackmichdoch rief er Männer in den sozialen Medien dazu auf, dass sie Bilder ihrer bunten Nägel veröffentlichen, um sich gegen überholte Männlichkeitsnormen starkzumachen.«

Ich ließ den Nagellack noch eine Woche drauf und war erstaunt, wie viele negative Kommentare ich von Menschen erhielt, die nicht damit klarkamen, dass ein großer, breitschultriger, bärtiger Mann sich die Nägel verschönert hatte. Als Erwachsener kann man mit so etwas umgehen und sagen: „Lackt mich doch alle!" Aber unsere Kinder suchen nach Orientierung. Sie suchen nach Vorbildern in unserer Gesellschaft, nach ihrem Platz in der Welt. Und genau deshalb ist es so wichtig, dass moderne Väter und Männer sich damit auseinandersetzen, was für Vorbilder sie sein wollen. Ich bin davon überzeugt, dass viele Probleme, die junge Männer und Väter (und mindestens ebenso viele junge Frauen und Mütter) beschäftigen, mit problematischen Geschlechternormen und Rollenbildern zu tun haben. Viele Menschen hatten in ihrer Kindheit keine positiven Vorbilder, die zum Beispiel gezeigt haben, dass Männlichkeit nicht heißen muss, ein emotionsloser Fels in der Brandung zu sein, der sein Leben der Erwerbsarbeit widmet und mit seiner Familie nur am Rande zu tun hat. Ob wir wollen oder nicht: Erfahrungen aus unserer Kindheit haben sich in uns eingebrannt und beeinflussen unser Verhalten – auch wenn wir gedanklich schon viel weiter sind. Es ist sehr schwierig, den Teufelskreis aus eigener Kraft zu durchbrechen und sich von den Glaubenssätzen zu verabschieden, die man als Heranwachsender vermittelt bekommen hat. Für mich als Vater hat es deshalb Priorität, meine Kinder resilient zu machen – ich wünsche mir für sie, dass sie unabhängig von jeglichen gesellschaftlichen Erwartungen ihren Weg finden, um glücklich zu werden.

Dazu passend möchte ich ein Zitat mit euch teilen, das mich tief beeindruckt hat:

„It's easier to build strong children than to repair broken men."

„Es ist einfacher, starke Kinder großzuziehen, als kaputte Männer zu reparieren."

Dieser Satz stammt von dem schwarzen Schriftsteller Frederick Douglass, der im 19. Jahrhundert in den USA in die Sklaverei geboren wurde und sich später als Sozialreformer für die Abschaffung derselben einsetzte. Douglass trat nicht nur für die Gleichberechtigung von People of Colour ein, sondern engagierte sich auch für Frauenrechte. Auf dem ersten Frauenrechtskongress, der 1848 in New York stattfand, hielt er eine Rede, in der er sich für das Wahlrecht für Frauen einsetzte und ihre gesellschaftliche Degradierung verurteilte. Douglass und andere Visionär*innen haben schon vor fast 200 Jahren erkannt, dass die Unterdrückung anderer Menschen nicht Teil einer modernen Gesellschaft sein kann.

Für mich drückt das Zitat von Douglass eine universelle Wahrheit aus, die sich nicht auf seine Zeit oder seine Lebensumstände beschränkt, sondern auch in einem völlig anderen Kontext Anwendung finden kann. Ich interpretiere es auf mich bezogen folgendermaßen: Meine Kindheit ist nicht die Kindheit meiner Söhne. Ich muss mit meinen Problemen und Herausforderungen umgehen, aber meine Kinder sollen ihren eigenen Weg finden. Mir geht es nicht darum, traditionelle einengende Rollenbilder durch neue Verhaltensnormen zu ersetzen und allen Jungs vorzuschreiben, dass sie Nagellack cool zu finden haben. Doch es ist mir ein Anliegen, meinen Kindern zu vermitteln, dass jede*r Mensch das Recht hat, ihre*seine Vorlieben zu erkunden und das Leben nach den eigenen Vorstellungen zu gestalten. Es geht also darum, Kinder stark zu machen – allerdings nicht in der Art und Weise, wie traditionelle Geschlechternormen dieses Adjektiv auslegen. Denn leider gibt es immer noch viele problematische Vorbilder, die versuchen, die Orientierungssuche von Heranwachsenden für ihre persönlichen Zwecke zu nutzen.

Alpha-Machos im Kino, sexistische Werbespots und gefährliche Männlichkeitsgurus

Hätte ich zu einer anderen Zeit nach meiner Männlichkeit gesucht oder wäre ich in bestimmte Milieus noch tiefer hineingerutscht, wäre ich vielleicht auf die falsche Schiene gekommen. Hätte mir als Jugendlicher oder als junger Mann jemand gesagt, dass ich mal patriarchale Strukturen hinterfragen würde, hätte ich laut gelacht – denn ich war selbst ein Teil dieser Strukturen. Weil mein Vater in seiner Rolle völlig versagte und mir auch sonst männliche Vorbilder fehlten, übten Männergemeinschaften eine starke Anziehungskraft auf mich aus. Auf der Suche nach Anerkennung und nach Identifikationsfiguren geriet ich in die Fußballfanszene und fühlte mich dort geborgen. Hier fand ich eine eingeschworene Gemeinschaft, in der einige Mitglieder sehr archetypische Männerbilder vertraten. Ich möchte damit nicht sagen, dass alle Fußballfans per se problematische Ansichten haben, aber die Kreise, in die ich abzurutschen drohte, glorifizierten teilweise Gewalt und spielten offen mit toxischen Männlichkeitsnormen. Zum Glück bekam ich die Kurve und verstand, dass das nicht mein Weg ist. Dabei halfen mir zwei starke Frauen in meinem Leben, nämlich meine Mama und meine Oma, die mir eine andere Perspektive vermittelten und ein Auge darauf hatten, dass ich mich in diesem gefährlichen Umfeld nicht verlor.

» Forscher wie Matt Englar-Carlson, der am Center for Boys and Men an der California State University Fullerton Männlichkeitsnormen untersucht, haben festgestellt, dass bei vielen Jugendlichen die Identifikation mit ihrer Geschlechterrolle zwischen 18 und 21 Jahren den Höhepunkt erreicht. «

Junge Menschen werden wie im Fall der Fußballszene nicht nur durch ihr direktes Umfeld beeinflusst, sondern auch durch Darstellungen in den Medien. Von den Machos im klassischen Western über den stets risikobereiten Geheimagenten und Frauenhelden James Bond bis hin zum schuhverkaufenden Misogynsten Al Bundy in der Serie *Eine schrecklich nette Familie* – altbackene Männerbilder waren überall präsent und sind es noch heute. Ich kann mich gut an einen Werbespot der Sparkasse aus den 1990er-Jahren erinnern, der heute als Klassiker der deutschen Werbegeschichte gilt. Zwei glatt gegelte Unternehmertypen, die sich offenbar von früher kennen, treffen sich im Restaurant. Auf die Frage, wie denn das werte Befinden sei, antwortet der eine brüllend: „Blendend! Guck mal: mein Haus, mein Auto, mein Boot.“ Dabei knallt er Fotos von seinen Statussymbolen auf den Tisch. Sein Gegenüber nimmt die Aufforderung zum Duell mit einem süffisanten Lächeln an. „Mein Haus, mein Auto, mein Boot“ kontert er mit eigenen Fotos, hat aber noch nicht genug. „Meine Pferde und meine Pferdepflegerinnen“, geht es weiter, während er leicht bekleidete weibliche Gespielinnen präsentiert. Den Männlichkeitskampf hat Nummer zwei damit also gewonnen – weil er einen so großartigen Anlageberater bei der Sparkasse hat.

Der Erfolg dieses Werbespots ist aus meiner Sicht symptomatisch für eine weitverbreitete gesellschaftliche Perspektive auf Männlichkeit. Doch zum Glück hat sich seit 1995 manches getan. Heutzutage würde so ein Werbespot zu Recht als sexistisch entlarvt und öffentlich kritisiert werden. Das hat sogar die Sparkasse erkannt, die 2018 deshalb bei findigen Werbeagenturen eine Neuauflage des Spots in Auftrag gab. Hier sitzen sich nun ein Mann und eine Frau im Rentenalter gegenüber und vergleichen Altersvorsorgefaktoren („Mein Altenheim, mein seniorengerechtes Bad, mein Rollstuhl“). In diesem Spot übertrumpft die Frau den Mann mit Bildern einer Luxusresidenz, eines privaten Swimmingpools und eines schicken Motorrads. Dem Mann fällt darauf nichts anderes ein als: „Aber du hast doch immer weniger verdient als ich“, was sie mit „meine Anlageberaterin“ kontert. Die Sparkasse präsentiert sich hier also als Retterin der weiblichen Altersvorsorge, bei der es wegen des Gender-Pay-Gap und geringer Rentenbeiträge ja eher düster aussieht. Ob das ein guter Weg ist, um problematische Klischees loszuwerden oder gar strukturelle Probleme anzugehen, sei dahingestellt. Aber zumindest zeigt die Neuauflage, dass es eine gesellschaftliche Nachfrage nach neuen Rollenbildern gibt, sonst wäre er nicht produziert worden.

Auf der einen Seite nehme ich in den letzten Jahren wahr, dass bisherige Rollenbilder von vielen Menschen sowohl privat als auch öffentlich hinterfragt und kritisch gesehen werden. Auf der anderen Seite gibt es einen erschreckend starken Zulauf für sogenannte Männlichkeitsgurus, die die Verunsicherung, den Orientierungsdrang und die Einsamkeit von jungen Männern für ihre eigene Agenda auszunutzen wissen. Ich werde an dieser Stelle keine Namen nennen, weil ich den entsprechenden Figuren in diesem Buch keine zusätzliche Plattform bieten möchte, aber ich möchte kurz auf einige Grundmuster ihrer Männlichkeitsdarstellungen eingehen und zeigen, warum sie so gefährlich sind.

Wenn ein ehemaliger US-Präsident sich als starker, reicher und unabhängiger Mann inszeniert und öffentlich verkündet, man könne die Wünsche unwilliger Frauen einfach ignorieren und sie gefügig machen, dann ist das kein Zufall, sondern ein berechnendes Spiel mit einer Männlichkeitsvorstellung, die tief in unserer Popkultur verwurzelt ist. In unzähligen Serien und Filmen schmachtet ein männlicher Protagonist nach einer Frau und akzeptiert kein Nein, bis er sie schließlich erobert hat. Seine Hartnäckigkeit wird regelrecht glorifiziert – denn nach dieser Logik weiß der Mann besser als die Frau, ob er der Richtige für sie ist. Dieser Gedanke wurde von sogenannten Pick-up-Artists Anfang der Nullerjahre aufgegriffen, die aus dem Spiel der manipulativen Verführung ein Geschäftsmodell zur persönlichen Bereicherung machten. Hier wird jungen Männern suggeriert: Du hast als Mann das Recht auf Sex, und Frauen sind dazu da, dieses Bedürfnis zu stillen. Welche Folgen das im Extremfall bei jungen Männern haben kann, lässt sich an der Bewegung der sogenannten Incels beobachten. Incel steht für *involuntary celibate* – also einen Mann, der unfreiwillig keinen Sex hat. In Internetforen und auf den sozialen Medien finden sich sexuell frustrierte Männer zusammen, die meisten von ihnen im Alter zwischen 15 und 30 Jahren. In geschlossenen Räumen werden traditionelle Rollenbilder des Patriarchats gefeiert und progressive Frauen als Feindbilder dargestellt, die den Männern ihr angeborenes Recht auf Sex verweigern. Diese Radikalisierung junger Männer im Onlinebereich hat teilweise tödliche Folgen in der realen Welt. In den USA gab es mehrere Attentate, in denen die Täter sich als Incels offenbarten. Als in Deutschland 2019 ein Rechtsextremist einen antisemitischen Anschlagsversuch auf eine Synagoge per Helmkamera live im Internet streamte, lief im Hintergrund ein Lied, das mit der Incel-Bewegung assoziiert ist. Auch in vielen Fällen sexualisierter Gewalt spielen Gedankenwelten der Incels eine Rolle.

Sicherlich sind das Extrembeispiele von radikalisierten und verstörten Individuen, doch dahinter steht ein weitverbreitetes Männer- und Frauenbild, das Sex als Statussymbol für Männer festlegt und Frauen als beherrschbare Objekte. In der Scheinwelt von Incels und Co. wird beeinflussbaren Jugendlichen versichert, dass sie Anerkennung als Männer nur erlangen können, wenn sie dem traditionellen Männlichkeitsbild entsprechen, das weiter oben als toxische Männlichkeit eingeführt wurde. Hier spielt neben dem Body Count der Sexpartnerinnen (hier gendere ich absichtlich nicht) auch materieller Besitz eine Rolle. Ekelhafte Machotypen führen nicht nur ihre Gespielinnen öffentlich vor, sondern auch ihre Ferraris und Rolex-Uhren und lassen sich für ihre toxische Männlichkeit feiern. Diese Inszenierung ist kein Selbstzweck, sondern dient oft dem Verkauf dubioser Kurse oder Bücher zur sogenannten Hustle Culture oder zum Alpha-Mindset. So laden sich die Männlichkeitsgurus mit gefährlichen Inhalten die Taschen voll und nehmen in Kauf, dass Generationen junger Männer und Frauen mit Rollenbildern aufwachsen, die in einer aufgeklärten Gesellschaft längst beerdigt sein sollten.

Warum springen junge Leute – und insbesondere junge Männer – auf solche Inhalte überhaupt an? Und wie können wir unsere Kinder davor schützen, sich in solchen Vorstellungen zu verlieren?

Die Beantwortung beider Fragen ist hochkomplex, man könnte allein damit ein ganzes Buch füllen. Ich möchte aber einige Punkte herausheben, die meiner Ansicht nach zentral sind.

Prediger der toxischen Männlichkeit bieten Lösungen zu Problemen an, die die dahinterstehende Rollenvorstellung in vielen Fällen selbst geschaffen hat. Sie vermitteln, dass Mann-Sein mit Sex, Besitz, der Herrschaft über Frauen, Körperlichkeit und vielen anderen Dingen zu tun hat – und stellen gleichzeitig in Aussicht, dass junge Männer all das haben können, wenn sie sich wie „echte Männer“ verhalten. Für mich sind all diese Quacksalber und Gockel, die sich mit ihrer vermeintlichen Maskulinität und einer gehörigen Portion Frauenfeindlichkeit in der Öffentlichkeit brüsten, keine starken Männer, sondern echt schwache Charaktere. Aber leider beeinflussen diese Leute unsere Kinder – und da müssen wir als Eltern gegensteuern. Damit möchte ich Jugendliche und Männer in keiner Weise von der Verantwortung für ihr Handeln freisprechen: Auch wenn man in einer bestimmten Art und Weise sozialisiert wird, muss niemand zum frauenverachtenden Arschloch werden. Aber ich kann aus eigener Erfahrung nachvollziehen, wie verlockend manche patriarchale Strukturen für junge Männer sind, die nach sich selbst suchen und denen andere männliche Vorbilder fehlen.

Junge Menschen suchen nach Vorbildern, um ihren Platz in der Welt zu finden. Unsere Aufgabe als Eltern ist es, ihnen Orientierung zu bieten und sie zur kritischen Reflexion der Manipulationsversuche durch toxische Rollenbilder zu befähigen. Starke Kinder großzuziehen bedeutet für mich, dass wir ihnen die Sicherheit vermitteln, ihren eigenen Weg zu gehen – notfalls auch abseits der gesellschaftlichen Erwartungshaltungen.

Vorbild sein

Ich liebe Musik. Egal, was ich gerade mache, bei mir läuft fast immer ein Song im Hintergrund, und ich gehe voll mit. Als ich mir eines Tages gerade Fotos anschaute, saßen meine Jungs mit mir am Tisch und sahen mir über die Schulter. Ich startete dann eine Playlist. Einer der Songs riss mich emotional mit, sodass mir nach kurzer Zeit Tränen in den Augen standen. Meine Kinder fragten sofort: „Papa, warum weinst du denn? Bist du traurig?“ Diese Situation nutzte ich als Gesprächseinstieg, um mit ihnen darüber zu sprechen, dass Tränen nicht nur ein Zeichen von Traurigkeit sein können, sondern dass man manchmal auch weint, wenn etwas besonders schön ist. Ich erklärte ihnen, dass dieses Lied mein Herz berührt und ich vor Freude weine. Für uns drei war das ein sehr besonderer und intimer Moment. Wir hatten zwar schon vorher über das Thema Emotionen gesprochen und ich hatte bereits vor meiner Familie geweint, aber in dieser Situation konnte ich meinen Gefühlen freien Lauf lassen. Es ist eine Sache, den Kindern zu erklären, dass man sich auch als Mann für Tränen nicht schämen muss. Das dann in die Tat umzusetzen, vorherige Glaubenssätze zu überwinden und das eigene Verhalten anzupassen, ist ungleich schwerer.

Nicht immer funktioniert die Vermittlung einer positiven Männlichkeit, die sich von den Vorstellungen des traditionellen Männerbildes befreit, so reibungslos. Ein wichtiger Vorsatz, den ich als Vater gefasst habe, besteht darin, vor meinen Kindern Haltung zu beweisen. Sie sollen sehen, dass ich mich für meine Überzeugungen gerade mache – im Privaten, aber auch in der Öffentlichkeit. Denn wie kann ich von ihnen erwarten, dass sie zu selbstbewussten Individuen heranwachsen, die für sich und andere einstehen, wenn ich ihnen das nicht vorlebe?

Während meiner Arbeit an diesem Buch habe ich eine aufrührende Situation erlebt, in der ich diesem Anspruch gefühlt nicht gerecht wurde. Wir gingen als Familie mit Freund*innen auf den Weihnachtsmarkt und wurden dort Zeuge einer Szene, die uns alle sprachlos machte. Wir interessierten uns gerade für einen Stand, an dem geschmiedet wurde – ein Hobby, dass ich ebenfalls leidenschaftlich gern ausübe. Dann stellte sich ein Typ neben uns, der offenbar viel Wert auf sein Äußeres legte, an seiner Hand eine sichtlich eingeschüchterte und sehr zurückhaltende junge Frau. Der Kerl unterhielt sich zwischendurch immer wieder mit dem Schmied. Irgendwann zog er seine Freundin nach vorn und sagte zu dem Mann: „Ich habe mir jetzt eine Neue aus der Ukraine geholt. Total lieb und unterwürfig, läuft richtig super mit der.“ Es war in dieser Situation offensichtlich, dass die junge Frau nichts davon verstanden hatte, denn sie schaute ihren Begleiter nur fragend an. Wir Erwachsene standen fassungslos daneben und wussten nicht, wie wir auf diesen widerlichen Kerl reagieren sollten. Hier führte jemand in aller Öffentlichkeit eine junge Frau vor, als wäre sie ein Stück Vieh, das er auf dem Markt erworben hatte. Hinzu kam noch, dass die Szene auch ein rassistisches Moment beinhaltete. Ich war in diesem Moment so geschockt, dass ich nicht wusste, wie ich reagieren sollte.

Mich hat es im Nachhinein sehr beschäftigt, dass ich untätig geblieben bin, und ich habe lange überlegt, was ich hätte tun können. Hätte ich eine Szene machen sollen, in der ich den Mann öffentlich bloßstelle? Hätte ich der Frau auf Englisch übersetzen sollen, was ihr Begleiter gesagt hatte? Oder wäre eine ganz andere Reaktion angemessen gewesen? Ich habe mich unwohl gefühlt, weil ich es nicht geschafft hatte, den Mund aufzukriegen. Es bestand eindeutig ein ungutes Abhängigkeitsverhältnis, wobei ich nicht den Eindruck hatte, dass die Frau in unmittelbarer Gefahr schwebte. Ein ungefragtes Einschreiten kann auch als ungewollte Rettungssituation über den Kopf der Betroffenen aufgefasst werden. Ich wollte mich nicht als Ritter in glänzender Rüstung aufspielen, der die holde Jungfrau aus den Fängen des Schurken befreit – denn auch das ist ein überholtes Männlichkeitsklischee. Aber nichts zu tun fühlte sich auch falsch an.

Ich habe diese Situation mit meinen Kindern besprochen und ihnen in einfachen Worten erklärt, was in dieser Szene eigentlich passiert und warum das Verhalten des Mannes aus meiner Sicht vollkommen unangemessen war. Und ich habe die Geschichte samt meiner Tatenlosigkeit auf Instagram öffentlich gemacht. Für mich war dieses Erlebnis einer dieser Aha-Momente, in denen ich merkte, dass wir Männer noch viel mehr tun müssen, um klare Kante gegen solch abwertendes Verhalten zu zeigen – nicht nur bei frauenfeindlichen Sprüchen, sondern auch bei offenem Rassismus, Ableismus, LGBTQI*-Feindlichkeit und allen anderen Diskriminierungsformen. Ich habe das als Anstoß verstanden, mehr zuzuhören, mich noch mehr über die Missstände in unserer Gesellschaft zu informieren und klarer Haltung zu zeigen. All das sind für mich Merkmale einer positiven Männlichkeit, die ich im nächsten Abschnitt näher umreißen möchte.

Positive Männlichkeit

Was bedeutet es, ein Mann zu sein? Ich möchte mir nicht anmaßen, diese Frage für alle Menschen zu beantworten, die sich dem männlichen Geschlecht zugehörig fühlen. Trotzdem möchte ich euch zum Abschluss des Kapitels darstellen, wie mein persönliches Bild von positiver Männlichkeit aussieht.

Für mich macht der Schwellkörper zwischen den Beinen eine Person nicht automatisch zum Mann. Es geht auch nicht um das dickste Auto, die teuerste Uhr oder die Zahl der Sexualpartnerinnen – das alles sind Statussymbole, die keine tiefergehende Bedeutung haben. Stattdessen geht es bei Männlichkeit um Haltung und Werte. Wir müssen uns als Männer die Frage stellen: Was macht uns aus – und was soll uns ausmachen?

Meine Männlichkeit ist zum Beispiel groß und stark, aber sie weint auch schnell und schämt sich nicht, Emotionen zu zeigen. Meine Männlichkeit ist manchmal ängstlich, trägt aber dennoch viel Mut in sich. Meine Männlichkeit ist familienorientiert und nicht ausschließlich auf die Erwerbsarbeit fokussiert. Meine Männlichkeit ist aber vor allem verdammt privilegiert – als heterosexueller weißer Cis-Mann erlebe ich Diskriminierung fast nur aus der Beobachterperspektive. Gerade deshalb möchte ich, dass meine Männlichkeit selbstreflektiert ist, Betroffenen zuhört, sich mit ihnen solidarisiert und die eigene Rolle kritisch hinterfragt.

Manche der aufgezählten Charakterzüge klingen vielleicht widersprüchlich, doch für mich passt das alles wunderbar zusammen. Mit einer positiven Männlichkeitsvorstellung ist übrigens auch vereinbar, dass man Vorlieben hat, die als typisch männlich gelten. Ich gehe manchmal gern mit Freunden fischen, weil ich die Ruhe und Abgeschiedenheit liebe. In meiner Freizeit schmiede ich gern Messer. Ab und zu gehe ich in die Kneipe, um ein Bierchen mit meinen Homies zu trinken. Solche Dinge sind aus meiner Sicht vollkommen okay, solange nicht Stammtischgerede, eine Abwertung anderer Menschen oder weitere toxische Elemente auf den Plan treten. Es geht nicht darum, überall ein Verbotsschild dranzunageln oder anderen Menschen meine Sicht der Dinge aufzudrücken. Jede*r von euch muss für sich selbst definieren, was einen guten Mann, einen guten Partner oder einen guten Vater ausmacht. Das gilt auch für unsere Kinder, denn diesen kleinen Menschen können wir ebenfalls nicht vorschreiben, wie sie über Dinge denken sollen. Aber wir können ihnen positive Rollenbilder vermitteln, wir können Haltung zeigen und klarmachen, dass die Reise zu sich selbst Mut erfordert. Und wir können ihnen die Sicherheit geben, dass wir auf ihrer Seite sind, und sie bei dieser Reise unterstützen. Dazu gehört auch, dass wir unsere Kinder so annehmen, wie sie sind – denn in Sachen Authentizität und Unvoreingenommenheit können wir von unserem Nachwuchs noch einiges lernen.

8

Was wir von unseren Kindern lernen können

Warum Adultismus ein Problem ist

Herdecke, Samstagmittag, klarer blauer Himmel und Sonnenschein. Es herrscht Hochsaison für Familienausflüge und gemeinsame Unternehmungen an der frischen Luft. Auch ich habe mich mit den Jungs in die freie Wildbahn begeben – die Mutti hat heute frei. Der Park, den wir angesteuert haben, ist gerammelt voll. Unzählige Kinder bauen auf dem Spielplatz einen Hindernisparcours aus Schaufeln, Sandförmchen und anderen Kinderutensilien auf. Rundherum eine Rennbahn für Dreiräder, Bobbycars und allerlei andere Gefährte mit und ohne Stützräder. Die Jungs und ich haben uns gerade ein Picknick auf der Wiese genehmigt, jetzt geht es zum Spielen. Ich bleibe auf unserer Decke sitzen, um das wilde Treiben aus sicherer Entfernung zu beobachten. Ich verfolge ein packendes Duell zwischen einem Fußgänger und einem künftigen Tour-de-France-Teilnehmer, der noch Übung braucht. Offenbar fährt er noch nicht lange ohne Stützräder, denn das Überholmanöver trägt ihn aus der Bahn. Wie in Zeitlupe kippt der kleine Radfahrer auf dem sandigen Boden um und fängt sofort an zu weinen – anscheinend hat er sich am Knie wehgetan. Im Hintergrund sehe ich einen Mann, vermutlich den Vater des Kindes, der frustriert die Arme in die Höhe reißt und ruft: „Ach Mensch, jetzt steh doch auf und wisch dir die Tränen weg – so schlimm war das doch gar nicht. Stell dich nicht so an, du bist doch schon ein großer Junge! Und jetzt guck dir mal deine Hose an, alles dreckig und aufgerissen."

An dieser Reaktion störte mich einiges. Der Vater gab dem Jungen zu verstehen, dass er als Erwachsener seine Gefühle besser kennen würde als das Kind selbst. Er negierte nicht nur seine Emotion („So schlimm war das doch gar nicht“), sondern führte ihn auch noch öffentlich vor („Stell dich nicht so an“). Interessant fand ich auch, dass anscheinend nur Kleinkinder weinen dürfen und große Jungen nicht. Die Kirsche auf der Torte war dann die Sorge um die Hose statt um das Knie des Sohnes.

Die Art und Weise, wie wir mit unseren Kindern sprechen, verrät viel darüber, wie wir sie sehen. Die Szene mit dem nörgelnden Papa ist für mich ein klassisches Beispiel für das Phänomen des Adultismus. Der Begriff setzt sich aus dem englischen Wort *adult* (= Erwachsene*r) und der deutschen Endung „-ismus“ zusammen und bezeichnet laut Duden die Diskriminierung von Kindern durch Erwachsene. Vielleicht klingt es hart, bei der Beziehung zwischen Erwachsenen und Kindern von Diskriminierung zu sprechen, aber tatsächlich gehen Forscher*innen davon aus, dass Adultismus die einzige Diskriminierungsform ist, die praktisch alle Menschen in ihrem Leben erfahren. Zwischen Erwachsenen und Kindern gibt es ein Machtgefälle, das in unserer Kommunikation offensichtlich wird. „Du bist noch nicht alt genug, um das zu verstehen“ oder „Das kannst du noch nicht entscheiden“ oder auch der Hinweis „Benimm dich nicht wie ein Kind“, wie er im obigen Beispiel anklang, sind typische Sätze, die Adultismus offenbaren. In unzähligen Alltagssituationen erleben Kinder, dass sie fremdbestimmt und machtlos sind. Auch die Durchsetzung bestimmter Gender-Normen durch Erwachsene ist eine Form des Adultismus. Sätze wie „Kleider sind nur für Mädchen“ oder „Nein, Lego-Technik ist nichts für Mädchen, wie wäre es stattdessen mit einer Barbie?“ sind eine Form der Bevormundung und sprechen den Kindern die Fähigkeit ab, eigene Vorstellungen von Geschlechteridentitäten zu entwickeln.

Versteht mich bitte nicht falsch: Natürlich gibt es Unterschiede zwischen Erwachsenen und Kindern, und in vielen Fällen ist es notwendig, dass Erstere im besten Interesse Letzterer handeln. Wenn es beispielsweise im medizinischen Bereich um notwendige Prozeduren oder Eingriffe geht, haben Eltern die Verantwortung, für ihre Kinder Entscheidungen zu treffen. Das heißt aber nicht, dass Erwachsene generell über den Kopf von Kindern hinweg entscheiden sollten, ohne sie einzubinden oder ernst zu nehmen. Wenn wir Gefühle von Kindern negieren, wenn wir ihnen ins Wort fallen oder Entscheidungen, die sie betreffen, ohne ihr Mitwirken treffen, dann liegt das in der stillen Voranname begründet, dass Kinder noch keine vollwertigen Menschen sind. Kinder sind jedoch kleine Menschen, kleine Individuen mit einem eigenen Kopf und einem eigenen Gefühlshaushalt. Und als solche wollen sie Selbstwirksamkeit erfahren, sie wollen sich gehört und wertgeschätzt wissen – genau wie wir Erwachsene. In vielen Fällen wäre es möglich, diese Bedürfnisse der Kinder ernst zu nehmen, sie in Entscheidungen einzubeziehen oder diese zumindest zu erklären, doch das tun wir meist nicht. Adultismus zeigt sich besonders ausgeprägt, wenn wir genervt sind und kindliche Gefühlsausbrüche abbrechen wollen, statt uns mit ihnen auseinanderzusetzen.

In diesem Zusammenhang ist das Nachdenken über die Art und Weise, wie wir mit Kindern reden, zentral. Eine Diskussion zu beenden mit „Wir machen das jetzt so, weil ich es gesagt habe“ ist zwar effektiv und mitunter aus pragmatischen Gründen nötig, aber kein gutes Beispiel wertschätzender Kommunikation. Auch Schimpfen, Vorwürfe und die Androhung von Konsequenzen bringen uns häufig nicht weiter, denn bei dem

Kind kommt meist nur an: „Wenn du dich nicht entsprechend meiner Vorstellung verhältst, haben wir ein Problem." Wenn wir unsere Kinder ernst nehmen wollen, sollten wir uns von problematischem Adultismus verabschieden. Das aber geht nur, wenn wir unsere Perspektive auf Erziehung und die Kommunikationskultur in der Familie grundlegend überdenken.

» Eine gute Möglichkeit, auf Augenhöhe zu kommunizieren, hat der US-amerikanische Psychologe Marshall B. Rosenberg mit dem Prinzip der Gewaltfreien Kommunikation (GFK) entwickelt. Die vier Schritte des Kommunikationskonzepts können auch als die vier B's bezeichnet werden. Hier ein Beispiel:

1) Eine wertfreie **B**eobachtung verbalisieren
„Ich habe gesehen, dass in der Küche noch benutztes Geschirr steht."
2) Das eigene **B**efinden beschreiben
„Ich fühle mich unwohl, wenn es in der Küche unordentlich ist."
3) Ein **B**edürfnis formulieren und begründen
„Mir ist es wichtig, dass die Arbeitsfläche frei und aufgeräumt ist, weil ich beim Kochen Platz und Ordnung brauche."
4) Eine **B**itte aussprechen
„Ich möchte dich bitten, das benutzte Geschirr in die Spülmaschine zu räumen." «

Das bedeutet, dass wir als Eltern unser eigenes Verhalten immer wieder kritisch hinterfragen und anpassen müssen – ein Prozess, der uns ständig vor Herausforderungen stellt. Auch mir fällt es als Vater oft schwer, nicht aufgrund meiner Überforderung in adultistische Muster zurückzufallen. Wenn es stressig wird, ist es schwer, die eigenen Gefühle und Bedürfnisse einzuordnen und sich nicht von ihnen mitreißen zu lassen. Dass das nicht immer funktioniert, ist allzu menschlich, doch es bleibt wichtig, eine grundsätzliche Haltung zu entwickeln und achtsamer zu werden.

Das Reflektieren darüber, wie ich kommuniziere, hat das Verhältnis zu meinen Kindern und zu mir selbst verbessert. Es gibt keine Erziehungs-Zauberformel, die alle Konflikte in der Familie verhindert, aber es gibt Ansätze, die uns besser mit Konflikten umgehen lassen. Als Vater möchte ich meine Kinder zu selbstbestimmten Menschen erziehen und ein Vertrauensverhältnis zu ihnen aufbauen. Nur wenn wir die Gefühle und Bedürfnisse von Kindern ernst nehmen, sie in Entscheidungen einbinden und wertschätzend mit ihnen reden, können wir im Umkehrschluss von ihnen das gleiche Verhalten erwarten.

Unsere Kinder sind keine Kopien von uns selbst

Es gibt noch eine weitere sehr verbreitete Dynamik zwischen Eltern und Kindern, die ich thematisieren möchte. Dazu wieder eine kleine Geschichte zum Einstieg. Ein Freund erzählte mir, dass seine Mutter großen Wert auf eine musische Ausbildung gelegt und diese bereits im Kindergartenalter forciert hätte. Der Junge musste in die Musikschule, um dort verschiedene Instrumente auszuprobieren – unter der klaren Ansage, dass er anschließend eines davon zu lernen hätte.

Die Wahl fiel auf Klavier, und die Mutter engagierte eine elegante Dame als Klavierlehrerin, die nach alter Schule unterrichtete. Zweimal die Woche wurde künftig für 45 Minuten unter Aufsicht in die Tasten gehauen und Musiktheorie gepaukt. Das Problem: Der Kleine hatte null Interesse, Klavier zu lernen, sondern wollte zu dieser Zeit andere Interessen verfolgen – zum Beispiel Sport. Die Fremdbestimmtheit während der verordneten Klavierstunden störten das Kind so sehr, dass es rebellierte und in jeder Stunde möglichst schief spielte. Irgendwann wurde dieses Schauspiel der Klavierlehrerin zu viel, und sie kündigte fristlos – eine Nachricht, die der Junge zufrieden grinsend aufnahm. Für ihn war es wichtig zu zeigen, dass er solchen Entscheidungen über seinen Kopf hinweg zwar ausgeliefert war, er aber Mittel und Wege hatte, sich dagegen zu wehren. Die Rebellion bedeutete für ihn einen Akt großer Selbstwirksamkeit. 30 Jahre später bedauert mein Freund, dass seine Musikausbildung nicht anders gelaufen ist – heute würde er gern Klavier spielen können und nimmt sogar Unterricht. Doch in seiner Kindheit war das Thema nach dem Klavierdebakel durch. Die Mutter versuchte nicht mehr, ihm etwas aufzuzwingen, was er nicht wollte, und er war zu stolz, um selbst noch mal einen musischen Vorstoß zu wagen.

Zu der Klavieranekdote gibt es noch eine wichtige Fußnote: Die Mutter meines Freundes hatte selbst nie ein Instrument gelernt – weshalb das bei ihrem Nachwuchs anders laufen sollte. Das Muster „Ich selbst habe x in meiner Kindheit nicht machen können, deshalb sollen meine Kinder nun die Möglichkeit dazu bekommen“ ist bei den meisten Eltern ein starker und durchaus nachvollziehbarer Impuls. Wir wollen, dass es unseren Kindern besser ergeht, als es uns ergangen ist. Wir wollen ihnen Türen öffnen, die uns verschlossen waren – ganz egal, ob es um materielle Güter, Bildungschancen oder persönliche Beziehungen geht. Doch wir dürfen bei all dem nicht vergessen, dass unsere Kindheit nicht die Kindheit unserer Kinder ist. Und wir dürfen vor allem nicht den Fehler begehen, die Kleinen aus einem persönlichen Bedürfnis heraus zu etwas zu drängen, was sie selbst gar nicht wollen. Solche Denkweisen führen meistens zu unglücklichen Kindern. Denken wir nur an Fußballväter, die an der Seitenlinie von Kreisliga-B-Spielen ausrasten, wenn das Team des Sohnemanns verliert. Weil der Papa sich in der F-Jugend einen Bänderriss zuzog, der den Traum von der Profikarriere jäh beendete, muss jetzt der Nachwuchs ran. Der hat aber vielleicht keine Lust auf den projizierten Leistungsdruck und will lieber Schach spielen, ein Musikinstrument lernen oder seine geliebten Pokémon-Sammelkarten sortieren. Leider sind solche Dynamiken aus meiner persönlichen Erfahrung kein reines Klischee, sondern ein reales und für viele Menschen sehr bedrückendes Szenario, das bis ins Erwachsenenleben nachwirkt. Kinder in ihren Leidenschaften zu fördern oder sie zu ermutigen, welche zu entwickeln, ist vollkommen in Ordnung – ihnen diese Leidenschaften aufzuzwingen, ist es nicht.

Dass wir uns in unseren Kindern wiedererkennen, lässt sich wohl für jede*n nachvollziehen. Doch diese kleinen Wesen sind weder dazu verpflichtet, unsere gefühlten Versäumnisse nachzuholen, noch sollten sie unsere Frustrationen, Ängste und Sorgen ausbaden müssen. Kinder sind keine kleinen Duplikate von uns, sondern haben eigene Charakterzüge, eigene Wünsche und Träume, die sie verwirklichen möchten. Mich erstaunt immer wieder aufs Neue, wie unterschiedlich die Persönlichkeiten meiner Kinder im Vergleich untereinander und auch zu mir sind.

Mein älterer Sohn Elja beispielsweise ist ein kleiner Draufgänger, der auf jeden Baum klettern muss, den er erspäht. Seine Impulsivität und unbändige Energie erinnern mich an mich selbst, genauso wie sein ausgeprägter Gerechtigkeitssinn, der sofort anspringt, wenn er etwas nicht richtig findet. Bei Elja kommt noch eine gehörige Portion Abenteuerlust und Mut hinzu. Vorsichtig sein ist nicht sein Ding, deshalb tut er sich beim wilden Spielen manchmal weh. Während ich als Kind auf so etwas mit einem lauten „Auuuuuaaa!" und Tränen reagiert habe, kommt bei ihm als Erstes Wut auf die Situation, und die muss raus. Meist haut er sich trotzig dreimal auf die verletzte Stelle, um seine Frustration auszudrücken, und wischt die Tränen weg, die ihm manchmal doch kommen. Das heißt nicht, dass er frei von Angst wäre. Wenn es darum geht, sich in einer sozialen Situation zu zeigen und mit fremden Menschen zu interagieren, wird es für Elja schwierig. Hier tut sich mein jüngerer Sohn Jota viel leichter. Soll beispielsweise an der Kasse ein Spielzeug umgetauscht werden, traut Elja sich nicht allein vor. Hier braucht er die Unterstützung von Jota, der sich von so etwas überhaupt nicht einschüchtern lässt, seinen großen Bruder an die Hand nimmt und sagt: „Komm, wir gehen jetzt da hin, ich will meins auch umtauschen." Umgekehrt ermutigt der Große den Kleinen, mehr Abenteuer zu wagen, und macht ihm die Räuberleiter, um irgendwo hochzukraxeln und zusammen die Aussicht zu genießen. Die beiden Brüder ergänzen sich wunderbar, haben aber jeweils eigene Charaktere und Leidenschaften. Jota ist ein tiefgründiges Kind, das seine Emotionen nach außen transportiert. Wenn er singt, schließt er die Augen, gestikuliert mit den Armen zur Musik und tanzt. Er kann sich stundenlang im selbstständigen Spiel beschäftigen und hat den Wunsch geäußert, Ballettunterricht zu nehmen.

Obwohl beide die gleichen Gene haben und zumindest annähernd die gleiche Erziehung genossen haben, sind meine Söhne vollkommen unterschiedlich. Fasziniert beobachte ich, wie sich ihre Persönlichkeiten immer mehr auseinanderbewegen. Jeder hat seinen eigenen Blick auf die Welt, wobei sich dieser Blick einerseits rapide verändert und andererseits immer mehr herauskristallisiert.

Wenn wir für unsere Kinder denken, aber nicht mit ihnen reden, um ihre Bedürfnisse und Wünsche zu erfahren, dann besteht die Gefahr, dass wir sie nur als Kopien unserer selbst wahrnehmen und unsere traumatischen Erlebnisse, Herausforderungen und Sorgen auf sie projizieren. Ich muss mir selbst immer wieder das schon erwähnte Mantra aufsagen: „Meine Kindheit ist nicht die Kindheit meiner Kinder." Für mich bedeutet das, dass ich meinen Kindern Raum für die eigenen Sorgen, Ängste und Bedürfnisse geben und ihnen zuhören muss. Ausgetrampelte Wege mit jeder Menge emotionalem Ballast sind nichts für kleine Abenteurer, die die Welt entdecken wollen. Stülpen wir unseren Kindern vorgefertigte Wahrheiten, Ansichten und Regeln über, haben sie keine Chance, in einem vertrauensvollen Miteinander den eigenen Charakter zu entwickeln. Zwingen wir sie dennoch auf diesen Pfad, so wird die wahrscheinlichste Reaktion eines kleinen

Menschen auf die Bevormundung verständlicherweise die Rebellion sein – ein Emanzipationsprozess, der schon in sehr jungem Alter Selbstwirksamkeit vermittelt.

Ich habe für mich als Vater erkannt, dass ich nicht immer der belehrende Erwachsene sein muss, der den Kindern besserwisserisch vorschreibt, was sie zu tun, zu mögen und zu fühlen haben. Das heißt nicht, dass es bei uns keine Regeln gibt oder dass ich als Vater meine Fürsorgepflicht vernachlässige. Aber es heißt, dass ich eine wertschätzende und gewaltfreie Kommunikation mit meinen Kindern anstrebe. Das klappt manchmal gut und manchmal weniger. Dann scheitere ich an meinen eigenen Ansprüchen und merke, wie ich genau das bin, was ich eigentlich ablehne: ein Vater, der Vorschriften macht, Verbote ausspricht und den Kindern ins Wort fällt. Wenn ich das bemerke, bin ich mir als Erwachsener aber nicht zu schade, solche Fehler einzugestehen und meinen Kindern gegenüber zu thematisieren (darauf werde ich in Kapitel neun noch einmal näher eingehen). Haben sich die Wogen nach einer stressigen Situation geglättet, gehe ich zu meinen Söhnen, entschuldige mich für mein Verhalten und erkläre ihnen, warum es zu dieser Situation gekommen ist. Dabei können wir oft auch aufarbeiten, was in der Gefühlswelt der Kinder los war – denn meist stehen hinter Ausbrüchen und Stresssituationen emotionale Bedürfnisse, die nicht offensichtlich sind. Auch für diese Zwecke sind die vier B's aus der Gewaltfreien Kommunikation übrigens eine gute Leitlinie.

Der Anspruch, dass ich als Elternteil absolute Autorität ausstrahlen und vermitteln muss, dass ich über jeden Zweifel erhaben bin, ist für mich eine olle Kamelle, die viel mit den überholten Vorstellungen von Familie und Männlichkeit zu tun hat, die ich in diesem Buch skizziert und kritisiert habe. Stattdessen hat sich mir in den letzten Jahren eine andere Perspektive aufgetan, die mich tagtäglich erfüllt und mich meinen Kindern näherkommen lässt: Wir können als Erwachsene jede Menge wichtige Dinge von diesen kleinen Menschen lernen, wenn wir ihnen nur zuhören und ihre Bedürfnisse ernst nehmen. Was genau ich damit meine, werde ich in den nächsten Abschnitten näher ausführen.

Mein Sohn im Prinzessinnenkleid

Als wir für unsere Elternzeitreise mit dem Wohnmobil Dinge zusammenpackten, zeigte sich deutlich, wie verschieden Elja und Jota sind. Mein älterer Sohn packte jede Menge Legosteine, Spielzeugschwerter und eine Steinschleuder ein. Der jüngere dagegen nahm eine Herde Spielzeugpferde samt Ställen, Halftern und Zäunen mit. Kurz danach waren wir noch mal einkaufen. Weil Urlaub war, durfte sich jeder eine zusätzliche Kleinigkeit im Supermarkt aussuchen. Wir flanierten also durch die Gänge, wobei die Kids eher flitzten, doch Jota fand in der Spielzeugabteilung nichts, was ihn glücklich machte. Wir hatten fast aufgegeben, als er in der Abteilung für Partyzubehör doch noch fündig wurde. Zwischen Papptellern, Luftschlangen, Deutschlandfähnchen und Plastikbesteck blieb mein Sohn plötzlich stehen und zupfte hektisch an meinem Ärmel. „Guck mal da, Papa!“, sagte er aufgeregt und deutete mit leuchtenden Augen auf einen Ballon. Mit Einhornmotiv! In Rosa! Mit richtig viel Glitzer! Es gab sogar eine Station, an der wir den Ballon befüllen konnten, bevor er seinen Schatz anschließend stolz an die Kasse trug. In diesem Moment kümmerte es ihn nicht, ob die Leute an der Supermarktkasse ihn schief anguckten. Was andere davon hielten oder was traditionell für Jungen oder Mädchen vorgesehen war, spielte für ihn keine Rolle. Er war einfach überglücklich, dass er einen Rosa-Glitzer-Einhorn-Ballon gefunden hatte und mit nach Hause nehmen konnte. Auch ich war glücklich und verdammt stolz auf meinen Sohn, der so unvoreingenommen auf die Welt blickt und einfach sein Ding durchzieht.

Ich kann mich noch gut erinnern, wie Jotas Augen schon einmal so vor Freude glänzten. Auch damals waren wir in einem Laden, um einzukaufen – aber es ging um etwas Interessanteres. Jota erzählte mir oft, dass er später Prinzessin werden will. Er liebte es, aus vollem Hals den Titelsong des Disney-Films *Frozen* zu singen und dabei wie die Hauptfigur Elsa durchs Wohnzimmer zu gleiten. Und er war immer fasziniert von den schönen Ballkleidern, die Protagonist*innen in solchen Filmen tragen. Also gingen wir in ein Bekleidungsgeschäft, um meinem Sohn ein Prinzessinnenkleid zu kaufen. Er suchte sich eines in Blassrosa mit weißen Rüschen aus und wollte es nach der Anprobe im Laden nicht mehr ausziehen. Mit stolzgeschwellter Brust stolzierte er neben seinem Bruder und mir durch die Einkaufspassage und verkündete: „Kleider sind für alle da!"

Dieser Satz ist ein abgewandeltes Zitat aus einem Kinderbuch der Familiencoachin, Instagrammerin und Autorin Mira (Podcast: „MIRA & das fliegende Haus"). Es trägt den Titel *Farben sind für alle da* und ist eines der Lieblingsbücher meiner Söhne. In der Mut machenden Geschichte werden Themen wie Selbstbewusstsein, Geschlechterdiversität und

Toleranz vermittelt, ganz ohne erhobenen Zeigefinger. Wenn ich oder meine Frau Sophia daraus vorlesen, hängt nicht nur mein jüngerer Sohn an unseren Lippen und kann den Text mitsprechen, auch der ältere ist voll dabei. Im Gegensatz zu Jota würde Elja allerdings auch unter Zwang kein Kleid anziehen – er ist ein richtiger Rabaukenjunge, der wild und ungezwungen spielen will und dann verdreckt und mit aufgeschürften Knien nach Hause kommt, um von seinen Abenteuern zu erzählen. Aber nur, weil er mit der Faszination seines Bruders für Prinzessinnen, Einhörner und Kleider nichts anfangen kann, heißt das nicht, dass er ihm nicht den Rücken freihält und ihn nicht unterstützt. Hier zeigt sich sein ausgeprägter Gerechtigkeitssinn, denn Elja ist der Meinung: Jede*r soll nach der eigenen Vorstellung leben, und da hat einem niemand reinzureden.

Jota sagt freiheraus, was ihm gefällt; auch den Wunsch nach einem Kleid hatte er vor der Shoppingaktion schon oft geäußert. Glitzer, Nagellack und Einhornliebe – mein Sohn war von Anfang an ein Prinzessinnenjunge. Zugleich nimmt er den gesellschaftlichen Druck bezüglich traditioneller Geschlechterrollen durchaus wahr. Er fragte mich zum Beispiel: „Papa, ich bin zwar ein Junge, aber ich fühle mich wie ein Mädchen – ist das schlimm?" Wenn er darüber spricht, was er mal werden will, benutzt er manchmal die weibliche Form. Vielleicht ist das eine Phase, vielleicht eine bewusste Entscheidung oder aber eine Transidentität. Unsere Identität ist nicht statisch, sondern ständig in der Entwicklung und im Wandel – vor allem bei Kindern. Was wirklich dahintersteckt, wird Jota im Laufe seines Lebens selbst herausfinden, und er wird seine eigenen Glaubenssätze entwickeln. Meine Frau Sophia und ich haben uns viele Gedanken gemacht, wie wir ihn am besten unterstützen, und uns auch professionelle Unterstützung geholt.

„Der Vater und Autor Nils Pickert hat ein Buch darüber geschrieben, wie wir unsere Söhne aus der Geschlechterfalle befreien können. Der Titel lautet *Prinzessinnenjungs* und hat die Überschrift dieses Abschnitts inspiriert. Klare Leseempfehlung!“

Mein Job als Vater ist es, Jota nicht zu verändern, sondern ihm den Raum zu geben, sich selbst zu entdecken, ihn zu unterstützen und ihm zu versichern: „Nein, das ist nicht schlimm, wenn du dich wie ein Mädchen fühlst – warum sollte es das sein? Du fühlst, wie du gerade fühlst, und magst die Dinge, die du eben magst.“ Egal ob mit weiblichen, männlichen oder anderen Pronomen: Jota wird von seiner Mutter, seinem Bruder und seinem Papa geliebt. Und das Gleiche gilt für Elja, der seinen eigenen Weg geht.

Ich erzähle euch an dieser Stelle nicht nur so ausführlich von meinen Kindern, weil ich ein stolzer Papa bin, sondern weil ich zudem glaube, dass sich in den Verhaltensweisen dieser kleinen Menschen sehr viel Lebensweisheit verbirgt, die uns Großen durch all den Stress, die Verantwortung und die Erwartungen oftmals abhandengekommen ist. Mehr dazu im nächsten Abschnitt.

Vom Mut, man selbst zu sein

Jota liebt seinen Einhornballon, sein Kleid und will zumindest zeitweise ein Prinzessinnenjunge sein – ganz abseits von einengenden Zuschreibungen, was Jungen und was Mädchen zu mögen haben. Er zieht sein Ding kompromisslos durch und hat den Mut, einfach er selbst zu sein und dafür einzustehen. Von ihm lerne ich jeden Tag, wie wichtig es ist, sich selbst nicht zu vergessen. Wenn er in seinen Leidenschaften aufgeht, tut er das für sich und niemand anderen. Die oben beschriebenen Szenen mit dem Ballon oder dem Kleid sind bei ihm Momente, in denen die Welt um ihn herum zwar nicht aufhört zu existieren, aber komplett in den Hintergrund rückt. Er steht an der Kasse und ist auf das fixiert, was ihm Freude bereitet. Mittlerweile besitzt Jota nicht nur ein Prinzessinnen-Outfit, sondern eine ganze Auswahl an wunderschönen Kleidern. Und er hat überhaupt kein Problem, sich damit in der Öffentlichkeit zu zeigen. Manchmal fordert er das sogar ein – wenn ein Prinzessinnentag ansteht, gehört eben die passende Garderobe dazu. Ein Großteil der Menschen reagiert positiv auf das ungewohnte Bild. Manche sprechen ihn darauf an, machen ihm Komplimente, wie hübsch sie sein Outfit finden. Aber es gibt es auch einige, die nicht damit umgehen können und offenbar der Meinung sind, dass durch einen Jungen im Kleid die Welt aus den Fugen gerät. Für diese Menschen sind Farben nicht für alle da, und alles, was nicht in das Blau-Rosa-Schema passt, stellt eine Bedrohung dar. Auf solche Kleingeister reagiert Jota für sein Alter erstaunlich souverän und macht klar, dass er das anders sieht. Er hat keine Angst vor anderen Menschen und geht offen auf sie zu. Das finde ich unheimlich mutig und bewundernswert.

Von dieser Unvoreingenommenheit, die nicht nur meinen kleinen Sohn, sondern alle Kinder auszeichnet, können wir Erwachsene uns eine Scheibe abschneiden. Kein Kind wird als Sexist*in, als Rassist*in geboren – diskriminierende Ansichten entwickeln sich durch Sozialisation und Beeinflussung von Erwachsenen. Ich habe nicht nur bei meinen Söhnen, sondern auch in meiner Arbeit als Erzieher immer wieder erlebt, dass Kinder viel vorurteilsfreier an andere Menschen herangehen, als wir es je könnten. Wenn sie jemandem begegnen, der anders ist als sie, reagieren sie meist neugierig und offen – oder sie sind so sehr mit ihren eigenen Bedürfnissen beschäftigt, dass sie das Anderssein gar nicht bemerken. Sie nehmen Unterschiede durchaus wahr, doch bei ihnen hat sich noch keine Bewertungsdynamik eingestellt, die zu problematischen Phänomenen wie etwa Sexismus führen könnte. Alle Formen von Diskriminierung haben mit Zuschreibungen zu tun, mit bestimmten Vorstellungen, wie etwas zu sein hat. Kinder entwickeln diese Vorstellungen erst noch – und genau deshalb ist es so wichtig, dass wir ihnen einen geschützten Raum bieten. Kinder orientieren sich, gerade wenn sie noch sehr jung sind, stark an den Wertesystemen ihrer Eltern. Aber auch wir als Eltern sollten uns ein Beispiel nehmen an der Art und Weise, wie die Kleinen auf die Welt blicken. Denn damit erinnern sie uns daran, was wirklich wichtig ist.

Zur Ausbildung eines eigenen Wertesystems gehört es auch, eine Vorstellung zu entwickeln, was gerecht und was ungerecht ist. Aus eigenen Erinnerungen und den Erzählungen meiner Verwandten weiß ich, dass ich schon früh einen ausgeprägten Gerechtigkeitssinn hatte. Darin ähnelt mir mein älterer Sohn sehr.

Wenn Elja Ungerechtigkeit bemerkt, schlägt ihm das aufs Gemüt – interessanterweise gilt das sowohl für Ungerechtigkeit gegen ihn selbst als auch gegen andere. Wir hatten auf unserer Reise einige besonders stressige Tage, an denen Elja offenbar frustriert war und ein Ventil für negative Gefühle brauchte. Ich fragte ihn nach der Ursache für seine schlechte Laune. Er hatte vier Gründe für mich parat: „Papa, erstens will ich nach Hause, zweitens will ich ein eigenes Zimmer, drittens will ich ein Chamäleon als Haustier, und viertens finde ich es ungerecht, dass du hier nicht schmieden kannst." Die ersten drei Punkte betrafen Dinge, die er für sich als ungerecht empfand, und drückten seine Bedürfnisse und Wünsche aus. Der letzte Punkt aber war ein Anliegen, das nichts mit ihm persönlich zu tun hatte. Ich hatte ihm erzählt, wie sehr ich die Ausübung meines Hobbys vermisse – und dieser Zustand beschäftigte nun meinen Sohn.

> „Wissenschaftler*innen der Psychologischen Hochschule Berlin und der Uni Konstanz haben in einer Studie aus dem Jahr 2020 herausgefunden, dass bei vielen Kindern zwischen sechs und zehn Jahren bereits eine hohe Sensibilität zum Thema Ungerechtigkeit gegenüber sich selbst, aber auch anderen gegenüber besteht."

Kinder haben eine unglaubliche Kapazität zur Empathie in ihren Herzen und verstehen sehr gut, dass Gerechtigkeit und der Wunsch nach Gleichberechtigung nicht nur einen selbst betreffen. Elja erinnert mich auch oft daran, wie privilegiert unsere Situation ist – inmitten der großen und kleinen Frustrationen des Alltags hat er immer noch den Blick auf andere. Wenn ich merke, wie sehr Elja solche Themen umtreiben, denke ich über mein eigenes Gerechtigkeitsempfinden nach und werde von seinem Drang angesteckt, die Welt zu einem gerechteren

Ort zu machen. Unsere Kinder können so etwas in uns auslösen. Sie können uns mit ihrem Mut, ihrer Unvoreingenommenheit, ihrer Neugier und ihrem Sinn für Richtig und Falsch ein Kompass sein auf unserer Reise als Eltern und als Individuen. Ich bin fest davon überzeugt, dass wir von unseren Kindern lernen können, wie wir bessere Menschen werden.

Kinder ihren eigenen Weg gehen lassen

Als Elternteil die richtige Mischung zu finden zwischen fürsorglichem Beschützen und vertrauensvollem Freiraum ist – zumindest für mich – ein Tanz auf der Rasierklinge. Als Papa möchte ich meine Kinder bestmöglich vor Gefahren schützen und ihnen vermitteln, dass ich immer für sie da bin und sie sich mit jedem Problem an mich wenden können. Gleichzeitig will ich ihnen ermöglichen, ihre eigenen Erfahrungen zu machen – und das bedeutet, von meinen Ängsten und Sorgen ein Stück weit Abstand zu nehmen. Solche Überlegungen betreffen nicht nur große Lebensentscheidungen oder die Identitätsfindung, sondern sind auch in alltäglichen Situationen relevant. Ich glaube, dass auch hier wieder viel an der Art und Weise hängt, wie wir mit unseren Kindern kommunizieren. Lasst mich diesen Gedanken an einem praktischen Beispiel ausführen.

Ich habe bereits erzählt, dass Elja ein furchtloser Entdecker ist, dem kein Baum zu hoch, kein Gestrüpp zu dicht und kein Erdloch zu schlammig ist. Wenn er auf eine seiner Erkundungstouren loszieht, gehen bei mir regelmäßig die inneren Alarmglocken los. In meinem Kopf überschlagen sich die Gedanken, was dem Jungen bei seinen gefährlichen Spielaktionen passieren könnte. Vor meinem inneren Auge sehe ich uns auf dem Weg ins Krankenhaus, um das Kind wieder zusammenzuflicken. Oft verbalisiere ich meine Sorge um ihn, indem ich ihm beispielsweise zurufe: „Elja, der Baum ist ganz schön hoch. Wenn du da runterfällst, brichst du dir ein Bein!“ Damit tappe ich in eine fatale kommunikative Falle, denn mein ängstlicher Schutzversuch vermittelt und erzeugt Unsicherheit. Ich male mir das Katastrophenszenario aus und teile meine Bedenken, indem ich den Teufel an die Wand male. Bei ihm kommt an, dass Papa der Meinung ist: „Das kann nur schiefgehen.“ Und das verunsichert ihn, was ein tatsächliches Eintreten der Katastrophe wahrscheinlicher macht. Ich habe also, ohne es zu wollen, eine sich selbst erfüllende Prophezeiung ausgesprochen. Eine bessere Art, meine Fürsorgepflicht als Papa ernst zu nehmen, wäre folgende Ansprache: „Der Baum sieht ganz schön hoch aus. Pass bitte gut auf, wo du hintrittst, und prüfe vorher, ob die Äste dich halten.“ So vermittele ich ihm nicht nur das Signal, bitte vorsichtig zu sein, sondern gebe ihm konkrete Tipps mit, damit er die Situation selbstständig meistern kann. Es sind manchmal kleine Nuancen in der Kommunikation, die einen großen Unterschied machen. Dazu gehören neben dem Inhalt auch Dinge wie Gestik, Mimik, Tonfall und vieles mehr.

Ich möchte damit nicht sagen, dass wir unsere Kinder blindlings in jede Gefahr laufen lassen können, solange wir ihnen ermunternde Worte mit auf den Weg geben. Manche Bäume sind für einen Sechsjährigen zu hoch, manche Äste zu morsch – dann ist es nicht nur legitim, sondern sogar notwendig, eine Grenze zu ziehen. Aber in vielen Situationen läuft der Horrorfilm nur in uns selbst ab. Als Eltern schätzen wir viele Gefahren größer ein, als sie tatsächlich sind. Auch wenn es schwerfällt: Manchmal ist es tatsächlich das Beste, die Augen zuzukneifen und die Kinder einfach machen zu lassen. Denn zur kindlichen Entwicklung gehört auch, dass Kinder ihre eigenen Fehler machen dürfen. Nur wenn sie das Gefühl haben, selbstwirksam mit ihren Problemen und Herausforderungen umgehen zu können, haben diese kleinen Menschen auch die Chance, ein starkes Selbstbewusstsein zu entwickeln. Das gilt für reale Hindernisse wie hohe Kletterbäume und für alles, was das Leben sonst noch bereithält.

So schwer es mir als Papa auch fällt: Ich kann meine Söhne nicht vor allen Übeln dieser Welt beschützen. Es wird Situationen geben, in denen sie verletzt werden – sei es körperlich oder emotional. Aber wenn sie wissen, dass ich immer da bin, um sie aufzufangen, zu trösten oder ihre Wunden zu versorgen, ist das schon eine ganze Menge. Genau das gehört meiner Meinung nach zu unseren wichtigsten Aufgaben als Eltern: unsere Kinder als kleine Individuen wertzuschätzen und ihre Bedürfnisse ernst zu nehmen. Liebevoll und vertrauensvoll mit ihnen umzugehen. Ihnen beizustehen und Sicherheit zu geben. Aber eben auch die Freiheit, ihren eigenen Weg zu gehen, eigene Fehler zu machen und daraus zu lernen – ohne Einschränkung durch unsere Unsicherheiten, Sorgen und Ängste.

9

Die Eltern, die wir sein wollen

Trial and Error

Als meine Papa-Reise begann, nahm ich mir vor, alles anders zu machen. Ich wollte den Teufelskreis durchbrechen und meinen Kindern eine andere Kindheit bieten, als ich sie selbst erlebt hatte. Anders als ich sollten sie immer die Sicherheit haben, dass ihr Papa für sie da ist und sie auffängt, wenn etwas schiefgeht oder sie Fehler machen. Dabei hatte ich, ehrlich gesagt, keine Ahnung, wie genau ich das anstellen sollte. Ich war ein Papa ohne Plan, weil mir die positiven Vorbilder für gute Vaterschaft fehlten. Doch ich wollte nie ein Vater werden, der keine Ahnung von seinen Kindern hat. Die Verantwortung gegenüber unseren Kindern bleibt eine Lebensaufgabe. Unseren selbst gestellten Ansprüchen gerecht zu werden, ist ein Prozess, der uns immer wieder aufs Neue viel abverlangt – ein ständiger Abgleich zwischen guten Vorsätzen und der Realität.

Bevor wir Eltern wurden, hatten Sophia und ich einander in langen Nächten voller Wein und Zweisamkeit versprochen, dass wir als Eltern bestimmte Muster vermeiden wollten. Ich hatte mir beispielsweise geschworen, die Kinder niemals materiell zu verwöhnen, nur um mein eigenes Bedürfnis aus der Kindheit zu stillen – denn meine Mama hatte damals nicht genug Geld zur Verfügung, um mir alles zu kaufen, was mein kleines Herz begehrte. Ich war mir außerdem sicher, dass ich es nicht gutheißen würde, wenn meine Kinder Krieg spielen und sich gegenseitig mit gestreckten Zeigefingern bedrohen. Ich wollte sehr bewusst darauf achten, was sie essen und wie sie essen – wollte für jeden Ausflug einen ganzen Korb gesunder und nahrhafter Snacks bereitstellen. Ich hatte mir vorgenommen, Nerven wie Drahtseile zu haben und nicht laut zu werden oder mit ihnen zu schimpfen. Ich hatte hoch und heilig bekräftigt, den Kindern keine Tiere schenken zu wollen.

Und wie sah es nach einigen Jahren Elternschaft aus? Oft waren die Nächte viel zu kurz und der Alltag viel zu bewegt, um das alles durchzuziehen. Ich erwischte mich dabei, wie meine guten Vorsätze Stück für Stück aufweichten. Ich kann nur schwer darauf verzichten, meine Kinder mit materiellen Dingen glücklich zu machen, weil ich diesen verdammten Hundeblicken nicht widerstehen kann. Ich bastele gemeinsam mit meinem Sohn Pfeil und Bogen und schmiede mit ihm sein eigenes Messer. Wir kämpfen spielerisch und ich lasse mich filmreif in die weichen Kissen der Couch fallen, auf der Toben eigentlich Tabu ist. Haustiere gehören bei uns mittlerweile zum Alltag, vor allem seit wir ein Aquarium haben.

Und was das Thema Ernährung angeht, bin ich ehrlicherweise an manchen Tagen froh, wenn wir es schaffen, eine gemeinsame Mahlzeit einzunehmen. Wenn wir unterwegs sind, ertappe ich mich oft bei dem Gedanken: „Kommen wir auf dem Weg an einer Bude vorbei?“, und manchmal erliege ich der Versuchung. Ich habe gelernt, miese Tage und Situationen zu akzeptieren und aus meinen Fehlern zu lernen. Heute weiß ich, dass mich das Schimpfen in Situationen, die mich überfordern, nicht automatisch zu einem schlechteren Vater macht.

Die Erkenntnis, dass Idealvorstellungen von Elternschaft im Alltag manchmal schwer umzusetzen sind, war für mich bitter, aber notwendig. Es war bitter, mir einzugestehen, dass ich trotz aller Bemühungen als Papa nie perfekt sein würde. Aber es war notwendig zu erkennen, dass Fehler menschlich sind und zum Leben dazugehören. Elternschaft heißt für mich auch, dass man nach dem Trial-and-Error-Prinzip vorgeht. Gerade beim ersten Kind haben wir noch keine persönlichen Erfahrungen mit der neuen Rolle, und vielen Eltern fehlen zudem gute Vorbilder. Man kann noch so viele kluge Bücher über Erziehungskonzepte lesen oder sich in den buntesten Farben ausmalen, welche Maximen man durchziehen möchte – am Ende zählt, was man daraus macht, und vor allem: was man daraus machen kann. Als Menschen lernen wir nicht nur durch die Darstellung anderer und durch graue Theorie, sondern durch die Praxis, durch das Scheitern an den eigenen Ansprüchen. Selbstverständlich können wir uns am Wissen anderer orientieren, aber jedes Kind und jede*r Mensch sind einzigartig und haben individuelle Charakterzüge und Bedürfnisse. Wir müssen gemeinsam herausfinden, was funktioniert und was nicht. Und das geht nur, indem wir uns und anderen Fehler einräumen und verzeihen.

Die Vorstellung, dass wir als Eltern keine Fehler machen werden, ist aus meiner Sicht ebenso verfehlt wie die Scheu, sich diese Fehler einzugestehen und sie zu thematisieren. Im letzten Kapitel ging es darum, was wir von unseren Kindern lernen können und was wir von ihnen erwarten. Wenn sie sich beispielsweise falsch verhalten, bringen wir ihnen bei, damit umzugehen. „Geh hin und sag ‚Entschuldigung'" ist eine Aufforderung, die man hierzulande oft von Eltern hört, wenn der Nachwuchs etwas ausgefressen hat. Dass sich Eltern bei ihren Kindern entschuldigen und eigene Fehler zugeben, beobachtet man hingegen selten. Warum ist das so? Ich glaube, dass viele von uns mit der Vorstellung aufgewachsen sind, Eltern dürften Kindern gegenüber keine Schwäche zeigen. Eltern lösen Probleme für ihre Kinder, haben selbst aber keine – so die Maxime. Doch früher oder später werden unsere Kinder herausfinden, dass wir keine unfehlbaren Götter sind, sondern nur Menschen. Und als solche sollten wir die Vorbildfunktion nicht vergessen, die wir einnehmen. Der Hinweis „Du musst dich jetzt entschuldigen" lässt nämlich den wichtigsten Teil einer ernsthaften Entschuldigung vermissen: die Einsicht, dass man einen Fehler gemacht hat, und das ehrliche Bedauern eines falschen Verhaltens. Wie sollen unsere Kinder diese Ebene der Selbstreflexion lernen, wenn wir sie ihnen nicht aktiv vorleben? Wenn wir von unseren Kindern erwarten, sich zu entschuldigen, wenn etwas schiefgelaufen ist, dann muss das Gleiche auch für uns gelten.

Reflexion statt Perfektion

Sich bei seinen Kindern für Fehler zu entschuldigen, ist keine einfache Angelegenheit. Erstens muss man sich eingestehen, dass man etwas falsch gemacht hat, und zweitens muss man noch den Mut finden, diesen Fehler zu thematisieren und nicht totzuschweigen. Sich proaktiv zu entschuldigen bedeutet in gewisser Weise, sein Innerstes vor seinen Kindern zu entblößen – und damit die Illusion der starken, unfehlbaren Eltern zu zerstören. Es bedeutet aber auch, seine wahren Gefühle zu zeigen und den Kindern zu vermitteln: Auch ich mache manchmal etwas falsch, doch ich habe dann die Charakterstärke, das zuzugeben, und gleichzeitig das Vertrauen in dich, dir das zu offenbaren. Dafür brauchen wir eine gehörige Prise Selbstreflexion und eine offene Kommunikation zwischen Eltern und Kindern. Ich möchte euch im Folgenden erzählen, welche Rituale uns dabei helfen, gute Momente zur offenen Kommunikation zu schaffen.

An manchen Tagen kann ich spüren, wie sich in unserer Familie Frustration und Wut anstauen, die sich irgendwann in einem Konflikt entladen müssen. Wenn es dann gekracht hat, finden wir immer wieder zusammen, und jeder Tag endet mit einem „Ich liebe dich“. Aber manchmal braucht es eine kleine Hilfe, um die konfusen Gefühle des Tages überhaupt reflektieren zu können – sowohl für die Kinder als auch für die Erwachsenen. Gerade bei meinem großen Sohn merke ich, dass ihn Konfliktsituationen sehr beschäftigen. Er ist abends nach einem stressigen Tag oft noch nachdenklich oder nörgelig. Wenn es dann allmählich Zeit ist, ins Bett zu gehen, nehme ich ihn manchmal beiseite: „Sag mal, kann das sein, dass das heute ein richtig blöder Tag war? Kann es sein, dass wir vorm Schlafengehen noch mal zusammen ins Bad gehen sollten, um uns gründlich das Gesicht zu waschen und den ganzen Mist dieses Tages abzuschrubben?“ Meist bekomme ich ein enthusiastisches „Au ja, Papa!“ als Antwort.

Dieses kleine Ritual ist der Türöffner für eine gemeinsame Reflexion, die mein Sohn unser „Über den Tag reden“ nennt. Zusammen stellen wir uns dann folgende Fragen: Was war gut? Was war nicht so gut? Was wünschst du dir für morgen? Und in diesem Rahmen ist meist auch Raum für eine Entschuldigung, falls diese nötig ist. Hier kann auch ich als Papa mal sagen: „Hey, dass ich da vorhin während unseres Streits laut geworden bin, das war nicht richtig, und es tut mir leid. Für morgen wünsche ich mir, dass wir einen harmonischeren Tag haben, an dem wir uns weniger streiten.“ Oder mein Sohn nutzt diesen vertrauensvollen Raum, um sich dafür zu entschuldigen, dass er in einem emotionalen Ausbruch die Fassung verloren hat und handgreiflich geworden ist. Ebenso wichtig wie die Entschuldigung ist in diesem Moment die Analyse, warum es zu dem Konflikt gekommen ist. In solchen Momenten der Reflexion ist durchaus Raum dafür, den Kindern klarzumachen, was an ihrem Verhalten nicht richtig war. Aber der Ton macht die Musik. Genau wie wir Erwachsenen werden auch Kinder schnell defensiv, wenn wir ihnen vorhalten, was sie alles falsch gemacht haben. Ich habe viel bessere Erfahrungen damit gemacht, gemeinsam zu reflektieren, was eigentlich genau passiert ist und welche Gefühle eine Rolle gespielt haben. Anschließend können beide Seiten konkrete Wünsche formulieren, wie es in Zukunft anders laufen soll. Durch diese kleinen Kommunikationsrituale kamen sehr schöne und intime Gespräche zustande, die mich und meine Söhne viel enger zusammenwachsen ließen. Ich habe den Eindruck, dass dieser vertrauensvolle Raum, in dem sie ungefiltert ihre innersten Gefühle ausbreiten können, für die Kinder sehr wichtig ist. Und wenn ich als Papa ihnen Einblicke in mein Gefühlsleben gebe, dann verschwindet diese unausgesprochene Distanz, die in stressigen Situationen manchmal zwischen uns steht. Nur so können wir einander verzeihen und wieder zueinanderfinden.

War ich in einer Situation überfordert und habe beispielsweise im Affekt geschimpft oder bin laut geworden, stufe ich das im Rückblick häufig als falsches Verhalten ein. Mein Anspruch als Papa an mich selbst ist ein anderer. In solchen Fällen ist es sinnvoll, wenn ich meinen Kindern diesen Fehler mitteile und mich dafür entschuldige. Nur dann können sie die Situation richtig einordnen und lernen, dass die Reflexion über das eigene Verhalten wichtig ist. Sich selbst zu hinterfragen und sich in die Perspektive des Gegenübers hineinzuversetzen, kommt nicht von ungefähr – es ist eine wichtige Fähigkeit, die geübt werden muss.

» Um die Welt mit den Augen anderer zu sehen, bedarf es neben vorbildhaftem Verhalten der Eltern auch einer bestimmten Gehirnentwicklung der Kinder. Forscher*innen des Max-Planck-Instituts für Kognitions- und Neurowissenschaften in Leipzig haben in einer Studie von 2020 nachgewiesen, dass es für Kinder erst ab einem Alter von etwa vier Jahren möglich ist, sich zu erschließen, was andere denken – indem sie zum Beispiel die Erfahrungen dieser Person reflektieren. Die Fähigkeit, die Gefühle anderer Menschen nachzufühlen (auch Empathie genannt), haben aber schon Kleinkinder ab einem Alter von zwei Jahren. «

Niemand ist perfekt, aber wir alle können an uns arbeiten. Für diese Überzeugung möchte ich als Papa einstehen, sie meinen Kindern vermitteln und mit gutem Beispiel vorangehen.

Die Rucksäcke, die wir mit uns herumtragen

Wenn ich davon spreche, dass wir als Eltern nicht die unverrückbaren Felsen in der Brandung sein müssen, dann meine ich nicht, dass wir die Kinder mit unseren dunkelsten Gedanken, Sorgen und Traumata unnötig belasten sollten. Es gibt einen Unterschied in der emotionalen Reife zwischen Erwachsenen und Kindern – und der sollte zum Tragen kommen. Wir können emotionale Stützen für unsere Kinder sein, ohne ihnen vorzuspielen, dass wir gefühlskalte Supereltern sind, die nichts aus der Bahn werfen kann. Indem wir nämlich für sie da sind und sie an unserem Innenleben teilhaben lassen. Doch manche Dinge müssen wir mit uns selbst ausmachen.

Um der beste Papa zu werden, der ich sein kann, muss ich mich den dunklen Seiten meiner Geschichte stellen. Wir alle tragen auf unserer Lebensreise Rucksäcke voller Ballast mit uns herum, die wir in unsere Elternschaft mitschleppen. Diese Rucksäcke haben unterschiedliche Farben und unterschiedlich gefüllte Fächer. Manche Rucksäcke sind schwerer, manche sind leichter – zumindest denken wir das, wenn wir auf die Belastung der anderen blicken. Denn wir können nur bedingt nachempfinden, wie sich der Rucksack eines anderen Menschen anfühlt. Ich weiß nicht, wie es euch Leser*innen geht, welche Geschichten ihr erlebt habt und welche Belastungen ihr mitbringt. Deshalb erzähle ich euch so viel von meiner eigenen Geschichte und hoffe, dass ihr euch in manchen Dingen wiedererkennt oder zumindest etwas für euch mitnehmen könnt. Mein Rucksack ist bunt und hat eine dunkle, dreckige Seite mit Fächern voller Ängste, Traumata, Müll und Wut. Wieder andere Bereiche sind bis zum Bersten vollgepackt mit Liebe und guten Erinnerungen. Dieser Rucksack ist an manchen Tagen sehr schwer. Dann zieht er an meinen Rücken, schneidet mir ins Fleisch, und ihn zu tragen schmerzt sehr. Aber es gibt auch Tage, an denen er leichter ist. Dann sieht man die hässlichen Seiten des Rucksacks nicht, und ich kann ihn fast mühelos tragen. Denn es gibt Menschen, Situationen, Begebenheiten und Begegnungen, die helfen und mich entlasten. Dann verschwinden die Striemen kurz aus dem Bewusstsein. Zwar gehen sie nie ganz weg, aber sie sind nicht mehr so präsent.

In unserem Familienleben hilft mir meine unfassbar liebevolle Frau Sophia an unzähligen Tagen mit diesem Druck – und ich versuche im Gegenzug, auch ihren Rucksack ein wenig leichter zu machen. Auch die vielen schönen Erlebnisse und geteilten Erinnerungen mit meinen Jungs helfen. Durch sie fällt nicht nur eine enorme Last von meinen Schultern, sondern ich kann auch mehr ich selbst sein. Mehr so sein, wie ich eigentlich sein möchte. Ein besserer Papa, ein besserer Partner und einfach ein besserer Mensch. Jeden Tag komme ich ein bisschen weiter. Jeden Tag fällt es mir ein wenig leichter, diesen großen Rucksack zu tragen. Jeden Tag kann ich mehr Ballast abwerfen und sehe meinen Weg klarer. Stück für Stück vorwärtsgehen, das Ziel immer vor Augen, aber trotzdem nie ankommen. Für diesen Prozess bin ich unglaublich dankbar.

Wir alle tragen unseren Rucksack, doch Belastungen kann und sollte man nicht miteinander vergleichen. Ich bin mir dennoch bewusst, welch ein Privileg es ist, aus meiner Perspektive ein Buch über moderne Elternschaft zu schreiben. Viele Menschen haben nicht den Luxus, sich zum Beispiel die Belastungen der Elternschaft in einer liebevollen und stabilen Partnerschaft zu teilen. Ich denke dabei an meine Mutter, die als Alleinerziehende zwei Jobs annehmen musste, um uns finanziell durchzubringen, und die als meine Mama trotzdem einen großartigen Job gemacht hat. Auch Menschen, die etwa aufgrund ihrer Hautfarbe, ihrer sozialen Herkunft, ihrer Geschlechteridentität, ihrer Sexualität, ihrer körperlichen oder psychischen Einschränkung benachteiligt werden, haben eine Last zu schultern, die ich mir in meiner privilegierten Situation kaum vorstellen kann. Aber ich kann Betroffenen zuhören, mich mit ihnen solidarisieren und sensibel dafür sein, dass die Rucksäcke anderer vielleicht tiefer ins Fleisch schneiden als mein eigener. Deshalb möchte ich euch um Folgendes bitten: Konzentriert euch auf den eigenen Rucksack und den privaten Weg zur Elternschaft – das ist vollkommen okay und gerechtfertigt. Verschließt auf dem Weg dorthin jedoch nicht eure Augen, Ohren und Herzen gegenüber dem, was sonst noch passiert. Denn wir leben alle gemeinsam in dieser Welt.

Aktive Vaterschaft ohne Schulterklopfen

Zum Abschluss möchte ich noch einmal eine Sache klarstellen: Ich bin nicht der Papa-Papst, der von der Kanzel zu euch redet, und dieses Buch ist keine Eltern-Bibel. Ich erzähle auch keine Märchen, wie großartig bei mir alles klappt, sondern gehe stattdessen das Wagnis ein, euch Einblicke in mein Innerstes zu geben. Meine Perspektive auf Vaterschaft ist von dem ehrlichen Wunsch geprägt, der beste Papa zu sein, der ich sein kann. Und ich glaube, dass dieser Wunsch von unzähligen Eltern auf dieser Welt geteilt wird.

In diesem Buch habe ich dargestellt, warum sich meiner Ansicht nach zwischen Wünschen oder gut gemeinten Vorsätzen und der Realität oftmals eine Kluft auftut. Zwar gibt es heute bei vielen Vätern den selbst gesetzten Anspruch, ihre Rolle modern und aktiv auszufüllen, aber die Zahlen zeigen deutlich, dass wir noch einen langen Weg vor uns haben. Gleichberechtigung ist in diesem Kontext deshalb so wichtig, weil beim Thema Elternschaft immer auch bestimmte Rollenbilder wirksam werden. Es ist mit meiner Vorstellung von aktiver Vaterschaft nicht vereinbar, dass wir uns weiterhin an dem traditionellen Väterbild des abwesenden Ernährers orientieren und die Erwerbsarbeit auf ein männliches Podest stellen, während Care-Arbeit als weibliche Selbstverständlichkeit angesehen wird. Wenn sich das Verständnis von Vaterschaft auf persönlicher und gesellschaftlicher Ebene ändern soll, dann müssen sich Männer über ihre Art zu leben klar werden. Dazu gehört auch, sich beispielsweise mit Konzepten wie Mental Load oder toxischer Männlichkeit auseinanderzusetzen und selbstkritisch zu reflektieren, welche traditionellen patriarchalen Rollenmuster man unbewusst übernommen hat. Auch die Auseinandersetzung mit Ängsten und Sorgen gehört zu dieser Selbstreflexion, außerdem der kritische Blick auf ein verklärtes Idealbild von Elternschaft, in dem elterliche Überforderung nicht vorkommen darf. All das sind keine einfachen Aufgaben, weil wir uns im Verlauf dieses Prozesses mit unangenehmen Fragen auseinandersetzen müssen. Aber nur wenn wir uns unseren Unsicherheiten und Ängsten stellen und auch vor struktureller Ungerechtigkeit nicht die Augen verschließen, kann sich etwas ändern.

Diese theoretische Auseinandersetzung mit der eigenen Elternschaft und auch das Nachdenken über gesellschaftliche Rollenbilder sind notwendig, doch der grauen Theorie muss eine Anpassung des Verhaltens folgen. Denn aktive Vaterschaft heißt auch, dass Väter aktiv werden müssen! Sowohl in der täglichen Care-Arbeit als auch darin, ein neues Rollenverständnis zu entwickeln und dieses nach außen zu vertreten. Würde ich heute noch mal im Supermarkt mit der Frage „Hat die Mutti heute frei?" angesprochen, während ich mit den Kids einkaufen bin, hätte ich ein ganzes Arsenal von Erwiderungen parat, die diesen Bullshit-Satz in all seinen Implikationen entlarven. Sicher gibt es Menschen, die mit traditionellen Geschlechterrollen kein Problem haben und daran festhalten wollen. Das ist auf der privaten Ebene ihr gutes Recht, und ich möchte das niemandem absprechen. Trotzdem glaube ich, dass wir als Gesellschaft nur profitieren können, wenn wir eine offene Debatte über die Vorstellungen von Elternschaft führen – und ich hoffe, dass ich mit diesem Buch einen Beitrag dazu leisten kann. Lasst uns darüber sprechen, ob es nicht sinnvoll wäre, die Mutter-Kind-Parkplätze in Elternparkplätze umzubenennen, und ob es auch auf Herrentoiletten standardmäßig Wickelmöglichkeiten geben sollte. Lasst uns darüber diskutieren, wie toxische Männlichkeitsvorstellungen und patriarchale Rollenbilder wirken und was man ihnen entgegenstellen könnte. Lasst uns auch die Schattenseiten des Elterndaseins thematisieren und unsere Erfahrungen offen und ehrlich miteinander teilen. Lasst uns darüber ins Gespräch kommen, wie wir eine bessere Welt für unsere Kinder gestalten können – und lasst unsere Kinder daran teilhaben.

Ich bin optimistisch, dass wir als Gesellschaft auf dem richtigen Weg sind. Wenn wir weiter aktiv für Gleichberechtigung und neue Rollenbilder einstehen, können wir etwas bewegen. Gleichzeitig gibt es immer wieder eine Renaissance überholt geglaubter Vorstellungen und Geschlechterklischees, die zeigen, dass wir noch nicht in der Welt leben, in der wir leben wollen. Genau deshalb müssen wir sie aktiv mitgestalten. Aus meiner Perspektive sind gerade Männer bei diesem Prozess in der Bringschuld. Uns als Vätern muss klar sein, dass wir für die gleiche Arbeit, die Mütter milliardenfach täglich verrichten, keinen Extra-Applaus erwarten dürfen. Es bringt uns nicht weiter, von Männern ausgeführte Care-Arbeit und aktive Vaterschaft zu glorifizieren – stattdessen sollten wir all dies normalisieren. Als Papas ist das einfach unser verdammter Job.

Danksagung

Ich möchte mich herzlich bei Martin Kulik für die tolle Zusammenarbeit an diesem Buch über zehn Ländergrenzen hinweg bedanken.

Voller Zuneigung möchte ich mich bei meiner Frau Sophia bedanken. Ohne ihre Liebe, ihren Einsatz und ihr Dasein wäre ich nicht der Mann und Vater, der ich heute bin. Ich möchte mich aber auch bei meiner Mutter und meiner Oma bedanken, die sich allergrößte Mühe gegeben haben, aus mir einen guten Mann zu machen. Ich weiß, ihr hattet es nicht immer leicht mit mir – aber guck mal, Mama, ich habe jetzt sogar ein Buch geschrieben.

Quellen, Literatur und weiterführende Verweise

Kapitel 2: Neues Bewusstsein, alte Rollen?

Gleichberechtigt? Von wegen.

- *Alexandra Zykunov: „Wir sind doch alle längst gleichberechtigt!" 25 Bullshitsätze und wie wir sie endlich zerlegen. Berlin 2022*
- *Infokasten Alleinerziehende in Deutschland: https://de.statista.com/statistik/daten/studie/318160/umfrage/alleinerziehende-in-deutschland-nach-geschlecht (08.12.2022)*
- *Infokasten Rollenbilder des Vaters: Institut für Demoskopie Allensbach: Veränderungen der gesellschaftlichen Rahmenbedingungen für die Familienpolitik. Befragungen im Rahmen der demoskopischen Begleitforschung des BMFSFJ, 2019, S. 11*

Parkplatznamen von gestern, Bullshit-Sätze und Duden-Fails

- *Infokasten Care-Arbeit: Emilia Roig: Why We Matter. Das Ende der Unterdrückung. Berlin 2021.*

Zahlen gegen das Schönmalen

- *Partnerschaftliche Aufteilung der Kinderbetreuung (bezogen auf Väter mit ältestem Kind unter zehn Jahren): Allensbacher Archiv, IfD-Umfrage 8251 (2021). Zitiert nach: BMFSFJ (Hrsg.): Väterreport. Update 2021, S. 10f.*
- *Gender-Care-Gap bei 34-Jährigen: https://www.bmfsfj.de/bmfsfj/themen/gleichstellung/gender-care-gap/indikator-fuer-die-gleichstellung/gender-care-gap-ein-indikator-fuer-die-gleichstellung-137294 (03.12.2022)*
- *BMFSFJ (Hrsg.): Väterreport. Update 2021. Online: https://www.bmfsfj.de/bmfsfj/service/publikationen/vaeterreport-update-2021-186180 (03.12.2022)*
- *Partnerschaftliche Aufteilung während der Coronapandemie (bezogen auf Eltern mit Kind unter 15 Jahren): Allensbacher Archiv, IfD-Umfrage 8262 (2021). Zitiert nach: BMFSFJ (Hrsg.): Väterreport. Update 2021, S. 38*
- *Erziehungsarbeit der Väter mit Kindern unter sechs Jahren: Institut für Demoskopie Allensbach: Veränderungen der gesellschaftlichen Rahmenbedingungen für die Familienpolitik. Befragungen im Rahmen der demoskopischen Begleitforschung des BMFSFJ, 2019. Zitiert nach: BMFSFJ (Hrsg.): Väterreport. Update 2021, S. 8*

Ernährer vs. Hausfrau

- *Infokasten Gesetzesänderung in den 1970er-Jahren: https://hundertjahrefrauenwahlrecht.de/1977-reform-des-ehe-und-familienrechts (11.12.2022)*

- *Lohnlücke und Lohngerechtigkeit 2022: https://www.bmfsfj.de/bmfsfj/themen/gleichstellung/frauen-und-arbeitswelt/lohngerechtigkeit/lohngerechtigkeit-80398 (03.12.2022)*
- *Gender-Pay-Gap Deutschland und Europa: https://www.diw.de/de/diw_01.c.812361.de/wie_man_es_dreht_und_wendet__deutschland_hat_einen_der_hoechsten_gender_pay_gaps_in_europa.html (03.12.2022)*
- *Equal Pay Day:*
  www.equalpayday.com (03.12.2022)

Unlearn and Evolve

- *Auswertung des European Value Survey in DIW-Studie:*
  Schmieder, Julia; Wrohlich, Katharina: Gender Pay Gap im europäischen Vergleich: Positiver Zusammenhang zwischen Frauenerwerbsquote und Lohnlücke. In: Deutsches Institut für Wirtschaftsforschung (DIW) (Hrsg.): DIW Wochenbericht 9/2021, S. 141–147

Kapitel 3: Aktive Väter braucht das Land!

Eine neue Rollendefinition

- *Infokasten Kinderbetreuung:*
  Allensbacher Archiv, verschiedene IfD-Umfragen, zuletzt IfD-Umfrage Nr. 8214 (2020). Zitiert nach: BMFSFJ (Hrsg.): Väterreport. Update 2021, S. 8
- *Väter verbringen zu wenig Zeit mit ihren Kindern:*
  Allensbacher Archiv, IfD-Umfrage 8214 (2020). Zitiert nach: BMFSFJ (Hrsg.): Väterreport. Update 2021, S. 10

„Welche Schuhgröße hast du eigentlich, Kind?“

- *Infokasten „Mental-Load“:*
  www.equalcareday.de/mental-load
  www.dasnuf.de/der-grosse-mental-load-test-fuer-vaeter www.dasnuf.de/der-grosse-mental-load-test-fuer-muetter (alle 14.12.2022)

Warum Klischees über den tollpatschigen Mann nicht lustig sind

- *Infokasten Strategische Inkompetenz:*
  www.zeit.de/zett/liebe-sex/2022-04/beziehung-verhalten-aufgabenverteilung-ungleichgewicht (15.12.2022)

Schief gewickelt

- *Zur Initiative „Squat for Change“:*
  www.the-father-hood.com/article/squat-for-change-how-a-moment-became-a-movement (02.02.2023)
- *Infokasten Wickeltische in den USA:*
  www.zeit.de/gesellschaft/zeitgeschehen/2018-01/gleichstellung-new-york-wickeltisch-herrentoilette-neues-gesetz (15.12.2022)

Eltern zweiter Klasse?

- *Markus Deggerich, Heike Klovert, Marc Röhlig und Julia Stanek: Papa kann das schon alleine. In: DER SPIEGEL 33/2021. Online: www.spiegel.de/familie/familie-heute-worunter-moderne-vaeter-leiden-a-e9875cbb-4c83-4ae1-9003-a6445ad70835 (15.12.2022)*

Kapitel 4: Der Spagat zwischen Familie und Beruf

Die Vater-Kind-Bindung

- *Studie des Gonda Brain Research Center: Eyal Abraham u. a.: Father's brain is sensitive to childcare experiences. In: In: Proceedings of the National Academy of Sciences of the USA, 111/27, 2014, S. 9792–9797*
- *Zitat Kevin Pelphrey:*
  www.juedische-allgemeine.de/kultur/da-schlaegt-das-vaterherz

Das Familie-Karriere-Dilemma

- *Daten Erwerbstätigkeit: www.destatis.de/DE/Presse/Pressemitteilungen/2022/03/PD22_N012_12.html (16.12.2022)*
- *Daten Teilzeitquote Frauen: https://www.destatis.de/DE/Presse/Pressemitteilungen/2022/03/PD22_N012_12.html (16.12.2022)*
- *Gründe für Teilzeittätigkeit:*
  https://www.demografie-portal.de/DE/Fakten/teilzeitarbeit-gruende.html (16.12.2022)
- *Väterbeteiligung Elterngeld:*
  BMFSFJ (Hrsg.): Väterreport. Update 2021, S. 15f.
- *Bezugsdauer von Elterngeld:*
  https://de.statista.com/infografik/24835/anteil-der-vaeter-in-deutschland-die-elterngeld-beziehen (16.12.2022)
- *Infokasten Elterngeld und Motive (bezogen auf Väter mit ältestem Kind unter zehn Jahren):*
  Allensbacher Archiv, IfD-Umfrage 8251 (2021). Zitiert nach: BMFSFJ (Hrsg.): Väterreport. Update 2021, S. 16
- *Vaterschaftsurlaub:*
  https://www.tagesschau.de/inland/vaterschaftsurlaub-paus-101.html (18.12.2022)

Warum ich mir Vollzeiterwerbsarbeit nicht mehr vorstellen kann

- *Infokasten Kinderkrankentage:*
  https://www.nordkurier.de/mecklenburg-vorpommern/muetter-nahmen-grossteil-der-kinderkrankentage-0747375903.html (16.12.2022)

Kapitel 5: Eltern werden und Paar bleiben

Eine neue Verantwortung

- *LBS-Langzeitstudie:*
  Wassilios E. Fthenakis, Bernhard Kalicki, Gabriele Peitz: Paare werden Eltern. Die Ergebnisse der LBS-Familien-Studie. Opladen 2002
- *Orna Donath: Regretting Motherhood. Wenn Mütter bereuen. München 2016*
- *Allgemein: Claudia Füßler: Wenn aus Paaren Eltern werden. In: Spektrum Kompakt 27/21: Schwangerschaft – Aufbruch in ein neues Leben. Online: www.spektrum.de/news/was-passiert-wenn-aus-einem-paar-eltern-werden/1854499 (20.12.2022)*

Die Sache mit der Erwartungshaltung

- *Infokasten Partnerschaftliche Grundbeziehung:*
  Hasagani Tissera, Emilie Auger, Louise Séguin, Michael S. Kramer & John E.

Lydon: Happy prenatal relationships, healthy postpartum mothers: a prospective study of relationship satisfaction, postpartum stress, and health. In: Psychology & Health, 36/4, 2021, S. 461–477

Wieder zueinander finden

- *Paarcoach Markus Seemann: www.fest-verankert.de; @fest_verankert (Instagram)*

Kapitel 6: Unfuck Parenthood

Im Schlafanzug in den Kindergarten

- *Infokasten Bedürfnisorientierte Elternschaft: Susanne Mierau: Geborgene Kindheit: Kinder vertrauensvoll und entspannt begleiten. München 2017*
- *Aspekte der bindungsorientierten Elternschaft wurden jüngst von Figuren, die der rechten Szene zugeordnet werden, aus dem Kontext gerissen und instrumentalisiert. Siehe dazu: https://www.nora-imlau.de/falsche-freunde*
- *Sandra Siehl: @frausiehl (Instagram)*

Rabenvater

- *Infokasten Rabeneltern: https://de.wikipedia.org/wiki/Rabenmutter (02.01.2022)*

Kapitel 7: Positive Männlichkeit

Wann ist ein Mann ein Mann?

- *Allgemein: Anton Benz: Männlichkeit im Wandel. In: Spektrum der Wissenschaft 42/2021. Online: www.spektrum.de/news/wie-sich-die-maennlichkeit-veraendert/1924129 (16.12.2022)*
- *Fragebogen Männlichkeitsnormen von 2003: James R. Mahalik u. a.: Development of the Conformity to Masculine Norms Inventory. In: Psychology of Men & Masculinity, 4/1, 2003, S. 3–25*
- *Toxische Männlichkeitsvorstellungen: https://de.wikipedia.org/wiki/Toxische_M%C3%A4nnlichkeit (22.12.2022)*
- *Infokasten Hegemoniale Männlichkeit: R. W. Connell und James W. Messerschmidt: Hegemonic Masculinity: Rethinking the Concept. In: Gender and Society 19/6, 2005, S. 829–859*
- *Studie zu aktuellen Männlichkeitsnormen: Wong, Y. J. u. a.: The assessment of subjective masculine norms in the United States. In: Psychology of Men & Masculanities 21/4, 2020, S. 545–557*

Alpha-Machos im Kino, sexistische Werbespots und gefährliche Männlichkeitsgurus

- *Zum Sparkassen-Spot und der Neuauflage: www.horizont.net/agenturen/nachrichten/mein-haus-mein-auto-mein-boot-warum-jung-von-matt-und-die-sparkasse-den-legendaeren-90er-spot-neu-auflegen-170283 (04.01.2022)*
- *Artikel zur Incel-Bewegung und weiterführender Buchtipp: https://www.deutschlandfunk.de/incels-toxische-maennlichkeit-als-internetkult-100.html*

(04.01.2022). Buchtipp: Veronika Kracher: Incels. Geschichte, Sprache und Ideologie eines Online-Kults. Mainz 2020

Kapitel 8: Was wir von unseren Kindern lernen können

Warum Adultismus ein Problem ist

- *Zum Thema Adultismus:*
  Arbeiterwohlfahrt Bundesverband e.V. (Hrsg.): Themenblatt Adultismus. Auseinandersetzung, Auswirkungen und Verwobenheit. Berlin 2020. Online: https://www.vielfalt-mediathek.de/wp-content/uploads/2021/03/AWO_DEVI_Adultismus_Themenblatt_vielfalt-mediathek.pdf (12.01.2022)
- *Infokasten „Gewaltfreie Kommunikation“:*
  www.karlhosang.de/gewaltfreie-kommunikation-gfk (12.01.2022)

Mein Sohn im Prinzessinnenkleid

- *MIRA & das fliegende Haus: Farben sind für alle da! 2018*
- *Nils Pickert: Prinzessinnenjungs. Wie wir unsere Söhne aus der Geschlechterfalle befreien. Weinheim 2020*

Vom Mut, man selbst zu sein

- *Ungerechtigkeitssinn bei Kindern:*
  https://www.psychologische-hochschule.de/2020/05/bondue_ungerechtssensibilitaet-bei-kindern (18.01.2022)

Kapitel 9: Die Eltern, die wir sein wollen

Aktive Vaterschaft ohne Schulterklopfen

- *Infokasten Gehirnentwicklung bei Kindern:*
  Charlotte Grosse Wiesmann u. a.: Two systems for thinking about others' thoughts in the developing brain. In: Proceedings of the National Academy of Sciences of the USA, 117/12, 2020, S. 6928–6935

Impressum

Postfach 860366, 81630 München

GRÄFE
UND
UNZER
EDITION

Gräfe und Unzer ist eine eingetragene Marke der GRÄFE UND UNZER VERLAG GmbH, www.gu.de

ISBN 978-3-8338-8832-8

1. Auflage 2023

Projektleitung: Celine Koch, Artur Senger
Lektorat: Judith Heisig
Korrektorat: Susanne Schneider
Cover- und Klappenfoto: Felix Schenk
Fotos Kapitelaufmacher: Maggi Korecki: S. 69, 91; Felix Schenk: S. 13, 31, 51, 109, 129, 151, 173
Umschlaggestaltung: Ki36 Editorial Design, München, Bettina Stickel
Herstellung: Markus Plötz
Satz und Innenlayout: Björn Fremgen, KONTRASTE
Repro: Ludwig Media, Zell am See
Druck und Bindung: Livonia, Riga

Umwelthinweis: Dieses Buch ist auf PEFC-zertifiziertem Papier gedruckt. PEFC garantiert, dass Holz- und Papierprodukte aus nachhaltig bewirtschafteten Wäldern stammen.

Die GU-Homepage finden Sie unter www.gu.de

www.facebook.com/gu.verlag

GRÄFE
UND
UNZER

Ein Unternehmen der
GANSKE VERLAGSGRUPPE